高校外语教育新常态下教师专业发展路径研究

周 健 著

中国纺织出版社有限公司

图书在版编目(CIP)数据

高校外语教育新常态下教师专业发展路径研究 / 周健著. -- 北京 : 中国纺织出版社有限公司, 2023.10

ISBN 978-7-5229-0896-0

Ⅰ. ①高… Ⅱ. ①周… Ⅲ. ①高等学校 – 外语教学—师资培养—研究 Ⅳ. ① H09

中国国家版本馆 CIP 数据核字（2023）第 208277 号

责任编辑：王 慧　　责任校对：王蕙莹　　责任印制：储志伟

中国纺织出版社有限公司出版发行
地址：北京市朝阳区百子湾东里 A407 号楼　邮政编码：100124
销售电话：010—67004422　传真：010—87155801
http://www.c-textilep.com
中国纺织出版社天猫旗舰店
官方微博 http://weibo.com/2119887771
三河市宏盛印务有限公司印刷　　各地新华书店经销
2023 年 10 月第 1 版第 1 次印刷
开本：787×1092　1/16　印张：11
字数：230 千字　定价：98.00 元

Foreword

前 言

《高校外语教育新常态下教师专业发展路径研究》将探讨外语教师在新时代背景下面临的挑战和机遇，以及其专业发展的重要性和方法。本书将为广大外语教师提供指导，帮助他们适应教育新常态并提升自身专业素养。

第一章为本书的导论部分，旨在引领读者进入本研究的主题和背景。首先简要介绍本研究的目的、研究背景，并提供研究综述，以概括过去的研究成果。同时，将探讨本研究的意义和价值，以期对外语教育领域的发展产生积极影响。

第二章将关注高校外语教育的新常态，并分析其背景与特点。探讨新时代下外语教育所面临的新挑战，以及如何适应这些挑战的关键特点。此外，还将探讨教师角色与使命的转变，以及教师专业发展的紧迫性和必要性。

第三章是本书的重点，将介绍外语教师专业素质框架及内涵。首先，探讨专业发展特性，以帮助读者了解专业素质的发展过程。然后，详细介绍优秀外语教师专业素质框架，以提供一个全面而系统的参考模型。

第四章探讨在教育新常态下外语教师的专业素养要求。首先讨论语言能力要求，包括外语教师在语言技能方面的要求和发展途径。此外，还将介绍教育理论与方法的熟练应用，以及跨文化教育能力的培养。最后，论述教育新常态下外语教师专业发展内涵，以探讨教师在专业发展过程中应关注的重要方面。

第五章将关注教师新常态下外语教师的终身学习与自我提升。首先介绍学习型教师的概念与特点，以及外语教师的终身学习策略。此外，还将分享教师自我提升的途径和方法，帮助外语教师不断提升自身的教学能力和专业素养。

第六章将讨论师德师风建设与教师职业道德。首先阐述师德师风的概念与内涵，并探讨培养外语教师职业道德的重要性。此外，本章还将提出师德师风建设的措施与路径，以帮助外语教师树立正确的职业道德观念。

第七章将关注教师的教育研究与学术发展。介绍教育研究的重要性与意义，以及教师的科研能力与学术影响力的培养。此外，本章还将分享学术交流与合作的机会和渠道，以帮助外语教师拓宽学术视野，提高教育研究水平。

第八章将探讨外语教师的课程开发与教学设计。首先介绍教学设计的理论基础。此外，本章还将探讨外语课程开发的原则与方法，以及创新教学设计的策略和实践。

最后，第九章将探讨教师绩效考核的重要性与目的，并介绍多元评价方法的应用。此外，本章还将讨论教师绩效考核体系的建立与改进，以提高教师绩效评估的准确性和有效性。

本书的目标是为广大外语教师提供一本全面实用的参考书，帮助他们应对教育新常态下的挑战，提高教学水平，促进个人专业发展。我们希望本书能够成为外语教师的良师益友，引领他们走向教育的新高度。

祝愿您在阅读本书的过程中获得宝贵的知识和启发！由于编者水平有限，本书在编写过程中难免存在问题和错误，请广大读者提出宝贵意见。

编者

2023 年 7 月

Contents

目录

第一章 导论

第一节 研究背景

一、研究背景

当今社会，全球化和信息技术的迅速发展正在改变着各个领域的境况，其中也包括教育领域。在高等教育中，外语教育作为培养人才的重要组成部分，面临着新的挑战和机遇。随着社会经济的不断发展，国际交流与合作日益频繁，人们对外语教育的需求也越来越高。同时，信息技术的普及和互联网的发展使得外语教学具备了更多的创新方式和工具。

然而，教育新常态下外语教育面临着许多新的问题和挑战。首先，学生的需求和学习方式正在发生变化，传统的教学方法已经不能完全满足他们的需求。其次，外语教师的角色也在发生转变，不再只是知识的传授者，还需要具备更广泛的教育素养和专业能力。此外，外语教师在信息时代的教学环境中需要不断更新自己的知识和教学方法，以适应快速变化的教育需求。

面对这些变化和挑战，外语教师的专业发展变得尤为重要。他们需要不断提高自己的专业素养，以适应教育新常态下的要求，并为学生提供更优质的教育。因此，有必要进行一项深入的研究，探讨外语教师专业发展的问题，为他们提供指导和支持。

二、研究目的

本研究的目的是探讨高校外语教育新常态下外语教师专业发展的问题，提出相应的策略和建议。具体目标如下：

分析外语教育新常态下外语教师面临的挑战和机遇，了解其专业发展的背景和现状。

探讨外语教师专业发展的紧迫性和必要性，阐述其对教育改革和教学质量提升的重要意义。

构建外语教师专业素质框架，明确外语教师在不同领域和层面的专业要求和能力。

确定外语教师的专业素养要求，包括语言能力、教育理论与方法的熟练应用及跨文化教育能力的培养等方面。

探讨外语教师的终身学习和自我提升策略，为外语教师提供实用的方法和途径。

研究师德师风建设和教师职业道德的重要性，提出培养外语教师职业道德的具体措施和路径。

探索外语教师的教育研究与学术发展，促进他们在学术领域的成长和影响力的提升。

研究外语教师的课程开发和教学设计，提供创新的教学策略和实践方法。

探讨多元评价与教师绩效考核的问题，建立和改进教师绩效评估体系。

通过对以上目的的研究，本书旨在为外语教师的专业发展提供系统性的指导和支持，促进他们的教育水平和专业素养的提升。

第二节　研究综述

在过去的几十年中，外语教育领域已经涌现出大量关于外语教师专业发展的研究。这些研究从不同的角度和层面探讨了外语教师的专业发展问题，并提出了一系列的理论观点和实践策略。

一、外语教师专业的概念和理论模型提出

在外语教师专业发展的研究中，有一些重要的概念和理论模型被提出。例如，教师发展模型（Teacher Development Model）强调了外语教师专业发展是一个渐进和连续的过程，包括个人认知、教学实践和专业社交等多个方面的发展。这一模型为外语教师的专业发展提供了一个整体框架。

（一）教师发展模型（Teacher Development Model）

教师发展模型强调了外语教师专业发展是一个渐进和连续的过程。它涵盖了个人认知、教学实践和专业社交等多个方面的发展。在这个模型中，外语教师通过不断反思和实践来提升自己的教学能力和专业素养，逐渐成长为经验丰富、成熟的教师。

（二）反思实践（Reflective Practice）

反思实践强调了外语教师在教学过程中反思和审视自己的行为和决策的重要性。通过反思实践，教师能够意识到自己的教学做法是否有效，是否符合学生的需求，从而进行调整和改进。这种反思过程促使教师不断成长和提高。

（三）社会文化理论（Sociocultural Theory）

社会文化理论强调了社会和文化环境对外语教师专业发展的重要影响。它认为教师的专业发展是通过与他人的互动、参与社群和社会实践中的学习实现的。外语教师通过与同事的交流、观摩其他教师的课堂及参与教师社群等活动获得知识和经验，从而提升自己的专业素养。

（四）个人教师理论（Personal Teaching Theory）

个人教师理论是指教师对于教学和学习的个人信念和观念。每个外语教师都有自己的教学理念和教学方法，这些个人教师理论会影响他们的教学实践和专业发展。研究者认为，了解和反思个人教师理论对于外语教师的专业发展至关重要。

这些概念和理论模型为外语教师专业发展提供了重要的理论基础和指导。通过应用这些概念和理论模型，研究者和从业者可以更好地了解外语教师的专业发展过程，为教师培训和支持提供更有针对性的策略和措施。未来的研究可以进一步探索和扩展这些概念和理论模型，以推动外语教师专业发展的进一步发展。

二、外语教师的角色转变研究

传统上，外语教师在课堂中主要充当知识的传授者和学习的指导者的角色。然而，随着教育新常态的到来，外语教师的角色正在发生根本性的变化。研究者认为，外语教师应该成为学生学习的促进者和引导者，通过激发学生的兴趣和积极性来提高教学效果。

在过去的研究中，有许多关于外语教师角色转变的探讨。一些研究强调了外语教师的角色不仅仅是传授知识，更重要的是激发学生的自主学习能力。这意味着教师需要营造积极的学习环境，鼓励学生主动参与和探索，培养他们的学习兴趣和学习策略。

此外，外语教师的角色转变还涉及课堂组织和管理。传统上，教师在课堂中担任指挥者的角色，对学生的学习进行严格地把控和安排。然而，现代的外语教学倾向于更加开放和互动的教学方式。因此，外语教师需要转变为课堂的组织者和引导者，营造积极的学习氛围，激发学生合作和参与的热情。

在角色转变的过程中，外语教师还需要具备更多的教育素养和专业能力。他们需要不断更新自己的教学知识和方法，积极参与教育研究和教学改革，提升自身的教学能力和专业水平。研究者认为，教师的专业发展是实现角色转变的关键，通过专业发展，教师可以适应教育新常态的要求，不断提升自己的专业素质。

研究者强调外语教师应成为学生学习的促进者和引导者，通过激发学生的兴趣和积极性来提高教学效果。这一角色转变需要外语教师不断提升自身的教育素养和专业能力，积极参与教育研究和教学改革。未来的研究可以进一步探讨外语教师角色转变的实践策略和教师专业发展的支持体系，以推动外语教师角色转变的实现和促进教育质量的提高。

三、外语教师的专业素养研究

外语教师的专业素养是其在教育领域中展现出的专业能力和素质。它涵盖了多个方面，包括语言能力、教学理论和方法的熟练应用、跨文化教育能力等。在过去的研究中，学者对外语教师的专业素养进行了广泛的研究和探讨，并提出了一些具体的要求和发展路径。

首先，外语教师的语言能力是其专业素养的基础。研究表明，外语教师应具备良好的语言掌握能力，包括听、说、读、写和翻译等方面的技能。他们需要具备流利、准确和自然的语言表达能力，以便有效地进行教学活动和与学生进行交流。

其次，教学理论和方法的熟练应用是外语教师专业素养的重要组成部分。外语教师需要了解并熟练运用不同的教学理论和方法，以满足学生的学习需求。他们应掌握多种教学策略和技巧，能够根据学生的特点和背景设计和组织有效的教学活动。

最后，外语教师的跨文化教育能力也被认为是专业素养的重要方面。随着全球化的推进，跨文化交流和合作日益频繁，外语教师需要具备跨文化教育的能力，能够培养学生的跨文化意识和交际能力。他们应了解不同文化之间的差异，以便帮助学生在跨文化环境中进行有效的交流和互动。

在研究中，学者通过对不同层次和领域的外语教师进行调查和分析，提出了一些具体的专业素养要求和发展路径。例如，一些研究提出了外语教师的专业素养框架，明确了不同层次和领域外语教师的专业要求和能力。其他研究则提出了针对外语教师专业素养发展的培训和支持措施，包括教师培训课程、教师专业发展计划等。

研究者认为外语教师应具备良好的语言能力、熟练运用教学理论和方法，以及跨文化教育能力。未来的研究可以进一步探讨外语教师专业素养的发展路径和支持体系，以促进外语教师专业素养的提升和教育质量的改善。

四、外语教师的终身学习和自我提升研究

外语教师的终身学习和自我提升是他们持续提高教学水平和适应教育新常态的关键途径。在过去的研究中，学者对外语教师的终身学习和自我提升进行了广泛的研究和探讨，提出了一系列的策略和方法。

第一，参加专业培训是外语教师终身学习的重要方式之一。通过专业培训课程，外语教师可以不断更新教学理论和方法，了解最新的教育研究成果和教学资源。培训课程可以涵盖教学技巧、课程设计、评估方法等方面的内容，帮助教师提高自身的教学能力和专业素养。

第二，参与教学观摩是外语教师终身学习和自我提升的重要途径之一。通过观摩其他教师的课堂教学，外语教师可以借鉴他人的教学经验和方法，发现自身教学中存在的问题，并提高教学效果。观摩还可以激发教师的教学创新意识，促使他们不断改进和发展自己的教学实践。

第三，反思实践也是外语教师终身学习和自我提升的重要环节。通过反思自己的教学实践，外语教师可以回顾和评估自己的教学行为和效果，发现问题并寻求改进的方法。反思实践还可以帮助教师提高教学的自主性和创造性，不断探索适合自己和学生的教学方法和策略。

第四，与同行的交流和合作也是外语教师终身学习和自我提升的重要途径之一。通过与其他教师的交流和合作，外语教师可以分享经验、探讨教学问题，并相互学习和成长。

这种合作可以通过参加教学研讨会、教学研究小组或教师社群等形式来实现，促进教师之间的互动和进步。

研究者强调了参加专业培训、参与教学观摩、反思实践和与同行交流合作等方法的重要性。未来的研究可以进一步探讨外语教师终身学习和自我提升的有效策略和支持体系，以促进外语教师教学质量的提升和专业发展。

过去的研究为外语教师专业发展提供了宝贵的理论支持和实践经验。然而，仍然有一些问题和挑战需要进一步研究和探讨。本研究旨在对外语教师专业发展的关键问题进行深入研究，并提出切实可行的策略和建议，以推动外语教师的专业发展和教学水平的提升。

第三节 研究意义和价值

研究外语教师专业发展具有重要的价值和意义。它不仅在理论上对教育学科的发展做出贡献，还能为实践提供指导和支持，推动教育改革，促进教师成长和自我提升，以及促进学术研究和学术交流。这些研究价值和意义对于提高教师教育质量、适应教育新常态和推动教育改革都具有重要影响。

一、理论贡献

《高校外语教育新常态下教师专业发展路径研究》在理论上具有重要的贡献。通过对外语教师专业发展的研究，可以探索和构建适应新常态的理论模型和框架，为教师专业发展提供更加科学和系统的指导。同时，通过深入研究外语教师专业素质的内涵和要求，可以拓宽教师专业发展的理论视野，促进教育学科的进一步发展。

二、实践指导

研究外语教师专业发展对于实践具有重要的指导意义。通过深入了解外语教师专业发展的紧迫性和必要性，可以为教师培训和发展提供有针对性的策略和措施。研究者可以基于研究结果提出针对性的培训课程和专业发展计划，帮助教师提升教学能力和专业素养，适应教育新常态的需求。

三、教育改革

外语教师专业发展的研究对于推动教育改革具有重要意义。教育新常态要求教师角色的转变和教学理念的创新，而外语教师专业发展研究可以为此提供支持和引导。通过深入研究教师角色与使命的转变，可以促进教师从传统的知识传授者转变为学生学习的促进者和引导者，推动教学方法和教学设计的创新，提升教育质量和效果。

四、教师成长和自我提升

外语教师专业发展的研究对于教师个人的成长和发展至关重要。研究者可以探索外语教师的终身学习策略和方法，帮助教师建立学习型教师的概念和特点，并提供相应的培养途径和方法。通过研究教师自我提升的途径和方法，可以促使教师不断反思和改进自己的教学实践，提升教学能力和专业素养，实现个人教师职业发展的目标。

五、促进学术研究和学术交流

外语教师专业发展的研究可以促进学术研究的发展和学术交流。通过对外语教师专业发展的研究，可以探索新的研究视角和方法，丰富教育研究领域的理论体系和实践经验。研究者可以通过学术交流和合作，分享研究成果、探讨问题，促进学术研究的进步和发展。

第二章　高校外语教育的新常态

第一节　新常态背景与特点

一、教育新常态的背景和特点

教育新常态是指在社会、经济、科技和文化等多种因素的影响下，教育领域所面临的新的发展背景和特点。

（一）社会变革的背景

教育新常态的出现与社会变革密切相关。随着社会经济的发展和科技的进步，社会结构和就业市场的变化，人才需求和培养目标也发生了转变。教育新常态要求教育系统更加贴近社会需求和发展趋势，培养适应时代发展的复合型、创新型人才。

（二）信息技术的快速发展

信息技术的迅猛发展为教育带来了新的挑战和机遇。互联网、移动设备和智能技术的普及，改变了人们获取和传播知识的途径。教育新常态要求教育机构和教师更好地应用信息技术，开展在线教学、远程教育和个性化学习，提升教学效果和学习体验。

（三）跨学科和跨文化的融合

教育新常态强调跨学科和跨文化的融合。在全球化的背景下，教育需要突破学科边界，培养具备综合素质和跨学科能力的人才。同时，不同文化之间的交流和融合也成为重要的教育目标。教育新常态要求教师具备跨文化教育能力，培养学生的跨文化意识和跨文化交流能力。

（四）教育创新和变革的推动

教育新常态促进了教育创新和变革的推动。教育机构和教师需要转变传统的教学模式和评价体系，积极探索和应用新的教学理念、教学方法和教育技术。教育新常态要求教育系统更加注重培养学生的创新精神、问题解决能力和终身学习能力。

教育新常态的背景和特点反映了社会发展的需求和教育变革的趋势。教育系统需要适应新的背景和特点，不断探索和创新，提供更加符合时代要求和学生需求的教育服务，培养具备综合素质和创新能力的人才。

二、高校外语教育面临的机遇与挑战

（一）高校外语教育面临的机遇

1. 国际交流与合作机遇

随着全球化的加深，高校外语教育面临更广泛的国际交流与合作机遇。学生可以通过参与国际交流项目和合作项目，提升跨文化交际能力和全球视野，促进语言学习和文化理解。

2. 技术创新与教学工具机遇

信息技术的快速发展为高校外语教育提供了丰富的教学工具和资源，如在线学习平台、虚拟实境技术等。教师可以充分利用这些技术创新，创造多样化的教学环境和互动方式，提高教学效果和学生参与度。

3. 专业发展与职业机遇

外语教育新常态下，教师的专业发展和职业机遇也得到了增加。教师可以通过参加教育研讨会、进行教学观摩和交流，不断更新教学理念和方法，提高自身的教学能力和专业素养，拓展职业发展的机会。

（二）高校外语教育面临的挑战

1. 学生需求的多样化挑战

学生的学习需求日趋多样化，来自不同学科背景和文化背景的学生共同存在于教室中。这为外语教师提出了更高的教学要求，需要根据学生的个体差异提供个性化的教学方法和资源。

2. 教师专业发展的需求挑战

外语教师需要不断提升自身的专业素养和教学能力，以适应新常态下的教育需求。教师需要关注教育研究的最新发展，掌握新的教学理念和方法，不断提升自己的专业能力，同时面临时间和资源有限的挑战。

3. 教学模式的创新挑战

新常态要求教师从传统的知识传授者转变为学生学习的促进者和引导者。这相当于对教师提出了更高的要求，需要创新教学模式和方法，倡导学生主动学习和合作学习，引导学生积极参与课堂活动。

4. 教育资源和平台的挑战

教育资源和平台的不均衡分布也是面临的挑战之一。不同高校之间的教育资源和平台差异较大，一些高校可能面临教育资源和平台的不足，限制了外语教育的发展。

新常态背景下的高校外语教育既面临机遇又面临挑战。教育者需要善于把握机遇，积极应对挑战，不断更新教学理念和方法，提升教学质量和效果，以适应外语教育新常态的发展需求。

第二节　教师角色与使命的转变

一、外语教师角色在教育新常态下的变化

在教育新常态下，外语教师的角色正在发生重要变化。传统上，外语教师主要扮演着知识的传授者和学习的指导者的角色。然而，随着教育新常态的到来，外语教师的角色正在向更加多元和综合的方向转变。

（一）学习的促进者

外语教师不仅是知识的传授者，更重要的是成为学生学习的促进者。他们应该通过激发学生的兴趣和积极性，引导学生主动参与学习，培养学生的自主学习能力和学习动力。外语教师应该关注学生的个体差异，根据学生的学习需求和兴趣，提供个性化的学习支持和指导。

（二）学习环境的创造者

外语教师在教育新常态下应该成为学习环境的创造者。他们应该创造积极、互动和合作的学习氛围，鼓励学生进行探索和实践，提供多样化的学习资源和活动，激发学生的学习兴趣和动力。外语教师还应该充分利用信息技术和教育工具，创造创新的教学环境和教学方法，提升教学效果和学生参与度。

（三）资源和指导的提供者

外语教师在教育新常态下需要更加关注学生的全面发展。他们在提供学科知识的同时，也要关注学生的综合素养和能力的培养。外语教师应该为学生提供多样化的教育资源和学习机会，引导学生参与课外活动、实践项目和社会实践，帮助学生将所学知识应用于实际生活中。

（四）学习伙伴和合作者

外语教师在教育新常态下应该与学生建立更加平等和互动的关系，成为学生学习的伙伴和合作者。他们应该鼓励学生自主思考和表达，倡导学生间的合作学习和团队合作，培养学生的沟通能力和合作精神。外语教师应该促进学生之间的互动交流，创造共同学习的机会和场所。

（五）学习者和评估者

外语教师在教育新常态下应该更加注重学生的学习评估和反馈。他们应该采用多样化的评估方法和工具，对学生的学习成果和发展进行全面评价，为学生提供针对性的反馈和指导。外语教师应该帮助学生建立自我评价和自我反思的能力，促进他们学习的自觉性和

自我发展。

在教育新常态下，外语教师的角色正在从传统的知识传授者和学习的指导者转变为学习的促进者、学习环境的创造者、资源和指导的提供者、学习伙伴和合作者，以及学习者和评估者。这些角色的变化要求教师具备更加全面的教育理念和教学能力，以满足学生的学习需求。

二、外语教师的使命与责任

（一）培养全面发展的学生

1. 培养语言能力

外语教师的首要使命是培养学生的语言能力，包括听、说、读、写和翻译等方面的综合能力。他们应该设计有效的教学活动，帮助学生掌握语言技能，提高语言表达和交流能力。

2. 培养跨文化意识

教育新常态下，外语教师的责任还包括培养学生的跨文化意识和跨文化交际能力。他们应该引导学生了解不同文化之间的差异和相似之处，提高学生的跨文化沟通能力，培养学生的全球视野和国际竞争力。

3. 培养终身学习能力

外语教师的使命之一是培养学生的终身学习能力。他们应该帮助学生掌握学习方法和学习策略，培养学生的自主学习和问题解决能力，使学生具备持续学习和自我提升的能力。

（二）创设积极的学习环境

1. 创设多元化的学习场景

外语教师的责任是创设积极、多元化的学习环境，鼓励学生积极参与学习。他们应该提供丰富的学习资源和实践机会，设计有趣、有挑战性的学习任务，激发学生的学习兴趣和动力。

2. 倡导互动与合作学习

外语教师应该倡导互动和合作学习，在课堂上创造良好的合作氛围，促进学生之间的互动和合作。他们可以运用小组讨论、项目合作和角色扮演等教学方法，激发学生的合作精神和团队合作能力。

3. 整合技术与创新教育工具

外语教师的使命之一是整合信息技术和创新教育工具，丰富教学手段和资源。他们应该熟练运用多媒体、虚拟实境和在线学习平台等技术，创新教学设计，提供多样化的学习体验和个性化的学习支持。

（三）促进学生成长和发展

1. 提供个性化的学习支持

外语教师应该提供个性化的学习支持，根据学生的学习需求和兴趣，提供有针对性的辅导和指导。他们应该关注学生的学习进展，及时给予反馈和建议，帮助学生克服困难，实现个人学习目标。

2. 引导学生自主发展

外语教师的使命之一是引导学生自主发展。他们应该培养学生的自我学习和自我管理能力，鼓励学生制订学习计划和目标，激发学生的学习动力和自我激励，培养学生的自信心和责任感。

3. 培养创新思维与问题解决能力

外语教师应该培养学生的创新思维和问题解决能力。他们应该通过引导学生进行探索性学习、培养提出问题和解决问题的能力，培养学生的批判性思维和创新能力。外语教师可以设计新的教学活动和项目，激发学生的创造力和创新潜能。

（四）践行教师的师德师风

1. 以身作则做榜样

外语教师的使命是践行良好的师德师风，成为学生的榜样和引领者。他们应该具备高尚的道德情操和职业道德，秉持教育的真善美理念，注重个人品德修养，以身作则，影响学生的品德发展和道德行为。

2. 关注学生全面发展

外语教师应该关注学生的全面发展，不仅关注学术成绩，还注重学生的身心健康和道德品质的培养。他们应该关心学生的成长环境和个人发展，积极参与学生的综合教育，培养学生的人文素养和社会责任感。

3. 建立良好的师生关系

外语教师的使命之一是建立良好的师生关系。他们应该关心学生的需求和感受，倾听学生的意见和建议，与学生建立亲近和信任的关系。外语教师应该积极参与学生的学习和成长，给予学生关怀和支持，成为学生的良师益友。

4. 持续专业发展

外语教师应该不断进行专业发展，不断学习和提升自己的教育教学能力。他们应该积极参与教育研讨会、学术交流和教师培训，不断更新教育理念和教学方法，提高自身的专业水平和教学素养。外语教师还应该积极进行教育研究，推动教育领域的创新与发展。

在教育新常态下，外语教师的使命与责任包括培养全面发展的学生、创造积极的学习环境、促进学生成长和发展以及践行教师的师德师风。外语教师要充分发挥自己的作用和影响力，以学生为中心，关注学生的学习和发展，引导学生实现个人潜能的全面发展，为培养有国际竞争力的综合素质人才做出积极贡献。

第三节　教师专业发展的紧迫性与必要性

一、教育新常态对外语教师专业发展提出的新要求

教育新常态对外语教师专业发展提出了新的要求，这些要求涵盖了教师的知识、技能和态度等多个方面。

（一）教学理念和方法的更新

1. 学生中心的教学

教育新常态要求外语教师将学生置于教学的核心地位，注重发掘学生的潜能和个性，关注学生的兴趣和需求。外语教师需要探索并运用不同的教学策略和方法，以满足学生的学习风格和个体差异。

2. 路径多样化的评价

传统的评价方式注重对学生知识掌握的检验，而教育新常态强调对学生综合能力的评价。外语教师需要运用多元化的评价方式，包括项目作业、展示演示、口头报告等，以全面了解学生的学习成果和发展情况。

3. 创新教育技术的运用

在教育新常态下，外语教师需要善于掌握并运用创新教育技术，如在线学习平台、虚拟实境、智能教育工具等。这些技术可以丰富教学手段，提供个性化学习支持，激发学生的学习兴趣和参与度。

（二）跨文化教育能力的培养

1. 跨文化意识与教育

教育新常态要求外语教师培养学生的跨文化意识，帮助他们理解和尊重不同文化背景的人群。外语教师需要通过教学活动和案例分析等方式，引导学生拓宽视野，提高跨文化交际能力。

2. 跨学科教学与合作

在教育新常态下，外语教师需要与其他学科教师进行跨学科合作，推动学科融合和综合素养的培养。他们应与其他学科教师共同设计教学活动，使学生在外语学习中获得更广泛的知识和技能。

3. 多语言能力的培养

随着全球化的发展，外语教师需要培养学生的多语言能力，使他们能够在多语言环境中自如交流。外语教师可以引入多语言学习机会，鼓励学生学习并使用其他语言，提高他们的语言多样性和交际能力。

（三）专业素养的全面提升

1. 终身学习与自我提升

教育新常态要求外语教师具备终身学习和自我提升的意识和能力。应持续关注教育研究的最新发展，参加专业培训和学术交流，不断提升自身的教育教学能力和学科素养。

2. 教师研究与学术发展

教育新常态鼓励外语教师积极参与教育研究和学术发展。应具备科研能力，能够进行教育实践的反思和研究，推动教育领域的创新与发展。

3. 职业道德与师德师风建设

教育新常态要求外语教师具备高尚的职业道德和良好的师德师风。应注重自身的道德修养和职业操守，以身作则，成为学生的榜样和引领者。积极践行教育伦理，尊重学生的人权和尊严，关注学生的身心健康和全面发展。

（四）合作与交流的重要性

1. 教师合作学习与团队合作

在教育新常态下，外语教师需要加强与同事之间的合作学习和团队合作。通过共同备课、教学观摩和经验交流等方式，互相借鉴和学习，提升教学水平和教学效果。

2. 家校合作与社区合作

外语教师应积极与家长和社区进行合作，建立良好的家校沟通和合作机制。教师与家长合作制订学生的学习计划和目标，共同关注学生的学习和发展。

3. 学术交流与国际合作

外语教师应积极参与学术交流和国际合作，拓宽专业视野和学术影响力。通过参加学术会议、交流访问和国际项目合作等方式，与国内外同行进行学术交流和合作研究，推动外语教育的国际化和创新发展。

教育新常态对外语教师专业发展提出了新的要求，包括教学理念和方法的更新、跨文化教育能力的培养、专业素养的全面提升，以及合作与交流的重要性。外语教师应积极适应教育新常态的需求，不断提升自身的教育教学能力和专业素养，以更好地满足学生的学习需求，推动外语教育的创新与发展。这些新要求将促使外语教师更加全面、深入地认识自身的教育使命与责任，不断追求教育教学的卓越与进步。

二、外语教师专业发展的紧迫性和必要性

（一）外语教师专业发展的紧迫性

1. 追求教育质量的提高

在教育新常态下，外语教师专业发展的紧迫性在于追求教育质量的提高。学生对于高质量的外语教育有着更高的期望和需求，因此外语教师需要不断提升自身的教学能力和专业素养，以满足学生的学习需求。

（1）外语教师需要关注教学方法和策略的更新

在教育新常态下，传统的教学模式已经不再适应学生的需求。外语教师需要探索和应用更加灵活、互动和多样化的教学方法，以激发学生的学习兴趣和积极性。例如，引入项目式学习、合作学习和任务型教学等方法，让学生在实践中掌握语言技能和解决实际问题。

（2）外语教师需要注重个性化教学

每个学生都是独特的个体，具有不同的学习风格、兴趣爱好和学习能力。因此，外语教师应该关注学生的个体差异，提供个性化的学习支持和指导。这意味着教师需要了解学生的学习需求和目标，并针对性地设计教学活动和评估方式，以促进每个学生的全面发展和成就感。

（3）外语教师应加强与学生的互动和沟通

在传统的教学模式中，教师往往扮演着知识的传授者和权威者的角色，而学生则是被动的接受者。然而，在教育新常态下，外语教师需要成为学生学习的引导者和合作伙伴。他们应积极与学生互动，倾听学生的声音和需求，建立良好的师生关系，以激发学生的学习兴趣和自主学习能力。

（4）外语教师需要关注教学资源的优化和更新

教育技术的快速发展为外语教育提供了新的机遇和挑战。外语教师应积极探索和应用教育技术，如多媒体教学、在线学习平台和虚拟实境等，以丰富教学内容，提升教学效果。此外，教师还应关注教材的选择和设计，确保教材内容与学生的实际需求和兴趣相符，使学习过程更加有趣和有效。

（5）教师专业发展的持续性是追求教育质量的关键

教师需要认识到专业发展是一个持续的过程，需要不断学习和反思自身的教学实践。他们应积极参加教育培训和专业交流活动，与同行分享经验和探讨教育问题，不断更新自己的教育理念和教学策略。同时，教师还应建立个人的教育发展计划，设定学习目标，并定期进行自我评估和反思，以持续提升自身的教育教学能力和专业素养。

在教育新常态下，外语教师追求教育质量的提高是其专业发展的核心目标。通过更新教学方法和策略、关注个性化教学、加强师生互动和沟通、优化教学资源，以及持续进行教师专业发展，外语教师便能够不断提升自身的教育教学能力和专业素养，以更好地满足学生的学习需求，推动外语教育质量的提高。这将进一步提升学生的学习成果和促进学生的全面发展，为他们的未来发展奠定坚实的基础。

2.适应教育改革的要求

教育改革是教育新常态的重要内容，外语教师需要紧跟教育改革的步伐，熟悉并适应新的教育政策和教学理念，更新教学内容和方法，提升自身的教育教学水平。

（1）外语教师需要熟悉并掌握新的教育政策和法规

教育改革往往伴随着教育政策的更新和调整，外语教师需要及时了解并理解新的教育政策，确保自己的教学活动符合政策要求，同时积极参与政策的实施与落地。

（2）外语教师需要关注教学理念和教学方法的更新

教育改革通常伴随着教学理念和教学方法的创新。外语教师应该积极探索并应用符合教育改革要求的新的教学理念和教学方法，如探究式学习、学生中心教学、项目学习等。通过使用新的教学方法，外语教师能够更好地激发学生的学习兴趣和主动性，提高教学效果。

（3）外语教师需要更新教学内容和教材

教育改革通常要求教学内容与时俱进、符合学生的学习需求和社会的发展趋势。外语教师应关注最新的学科研究和发展动态，及时更新教学内容和教材，确保教学内容的准确性和实用性。

（4）外语教师应注重培养学生的创新思维和终身学习能力

教育改革强调培养学生的创新能力和自主学习能力，外语教师需要关注学生的个体差异和发展需求，采用多样化的评估方法，注重培养学生的创新思维、批判性思维和问题解决能力，帮助学生建立终身学习的意识和能力。另外，还应积极参与教育改革实践与研究。教育改革需要教师作为改革的参与者和推动者，外语教师应积极参与教研活动、教改项目等，不断总结经验、探索创新，为教育改革提供宝贵的实践经验和研究成果。

外语教师在教育新常态下需要紧跟教育改革的步伐，熟悉并适应新的教育政策和教学理念，更新教学内容和教材，提升自身的教育教学水平。只有适应教育改革的要求，才能更好地满足学生的学习需求，推动外语教育的创新与发展。通过积极参与教育改革实践与研究，外语教师可以为教育改革提供宝贵的经验和建议，促进教育系统的不断进步与发展。

3.满足学生个性化需求

教育新常态要求外语教师关注学生的个体差异和学习需求，提供个性化的学习支持和指导，需要不断学习和探索不同的教学策略和方法，以满足学生多样化的学习需求。

（1）外语教师应了解学生的学习特点和学习风格

通过观察和交流，教师可以了解学生对于不同教学方法的偏好，以及他们在语言学习中的困难和挑战。了解学生的学习特点可以帮助教师更好地制订教学计划和教学策略，以满足学生个性化的学习需求。

（2）外语教师应采用多样化的教学方法和教学资源

不同的学生有不同的学习方式和兴趣爱好，因此应根据学生的个性化需求，采用多种教学方法和教学资源，以激发学生的学习兴趣和提高学习效果。例如，针对喜欢听觉学习的学生，可以增加听力训练和听力材料的使用；对于喜欢视觉学习的学生，可以使用图表、图片和视频等视觉化的教学资源。

（3）外语教师应注重个性化的学习支持和指导

学生在学习外语的过程中可能会面临各种困难和挑战，外语教师需要根据学生的个体差异，提供有针对性的学习支持和指导。可以通过一对一地辅导、小组讨论和个别反馈等方式，为学生解决学习中的问题，并激发他们的学习动力和自信心。

（4）外语教师应关注学生的学习兴趣和需求

了解学生的兴趣爱好和学习动机，可以帮助教师更好地设计和选择教学内容，使学习过程更加有趣和有意义。教师可以通过多样化的学习活动和项目，让学生在学习中体验成功和成就感，激发他们的学习兴趣和自主学习能力。

（5）外语教师应鼓励学生发展自主学习的能力

个性化教育不仅是教师提供学习支持和指导，更重要的是培养学生自主学习的能力。外语教师应该激发学生的学习兴趣，鼓励他们自主探索和学习，培养他们的学习策略和学习方法，以提高学习效果和自主学习能力。

在教育新常态下，外语教师需要关注学生的个性化需求，提供个性化的学习支持和指导。通过了解学生的学习特点和学习风格，采用多样化的教学方法和教学资源，注重个性化的学习支持和指导，关注学生的学习兴趣和需求，以及培养学生的自主学习能力，外语教师可以更好地满足学生的个性化学习需求，提高教育质量和学生成绩，促进学生的全面发展。

（二）外语教师专业发展的必要性

1. 提高教学效果和学生成绩

外语教师专业发展的必要性在于提高教学效果和学生成绩。通过不断提升自身的教学能力和教学素养，外语教师可以提高教学的有效性和学生的学习成绩，实现良好的教学效果。

（1）外语教师需要关注教学方法和策略的改进

教育新常态要求教师采用更加灵活、多样化的教学方法和策略，以激发学生的学习兴趣和主动性。外语教师可以通过探索和应用新的教学方法，如项目式学习、合作学习和任务型教学等，让学生在实践中应用语言技能和解决实际问题，从而提高学习效果。

（2）外语教师应注重个性化教学

每个学生都有不同的学习特点和学习需求，外语教师需要了解学生的差异，并根据学生的个体差异提供个性化的学习支持和指导。通过个性化教学，教师可以更好地满足学生的学习需求，帮助他们充分发展自身潜能，从而提高学生成绩。

（3）外语教师应关注学生的学习动机和情感因素

激发学生的学习兴趣和动机是提高教学效果和学生成绩的关键因素之一。外语教师可以通过设计富有挑战性和趣味性的教学活动，提供积极的学习环境和支持，以激发学生的学习动力和积极性，从而提高学习效果和学生成绩。

（4）外语教师应注重学生的学习反馈和评价

定期对学生进行评价和反馈，可以帮助教师了解学生的学习进展和困难，并针对性地调整教学策略和方法。外语教师可以采用多种评价方法，如作业、考试、口头反馈和学习记录等，以全面了解学生的学习情况，并及时给予针对性的指导和支持，帮助他们取得更好的学习成绩。

（5）外语教师应关注自身的教学发展和专业素养

教师的专业发展是提高教学效果和学生成绩的基础。外语教师应积极参加教育培训和专业交流活动，不断学习和更新教育理念和教学方法。通过持续地专业发展，外语教师可以提升自身的教学能力和教学素养，从而更好地满足学生的学习需求，提高教学效果和学生成绩。

外语教师专业发展的必要性在于提高教学效果和学生成绩。通过改进教学方法和策略、关注个性化教学、激发学生的学习动机和情感因素、关注学生的学习反馈和评价，以及自身的专业发展和教育素养提升，外语教师可以提高教学效果和学生成绩，为学生的学习成果和全面发展做出积极的贡献。

2.适应教育创新与科技发展

教育新常态要求外语教师紧跟教育创新和科技发展的步伐。外语教师需要掌握并应用新的教育技术和工具，如在线学习平台、虚拟实境等，以提升教学效果和学习体验。

（1）外语教师可以运用在线学习平台和虚拟学习环境

在线学习平台可以为学生提供便捷的学习资源和互动学习的机会。外语教师可以在在线学习平台上发布教学资料、课程表、作业和测验等，以便学生随时获取和提交学习材料。同时，通过虚拟学习环境，外语教师可以模拟真实的语言环境，为学生提供更丰富的语言输入和语言交流的机会，增强学生的语言应用能力。

（2）外语教师可以利用多媒体教学和互动式教学工具

多媒体教学可以通过图像、音频、视频等多种形式呈现教学内容，帮助学生更好地理解和记忆知识。外语教师可以利用多媒体教学资源，如幻灯片、教学视频、语音录音等，使课堂更加生动和有趣。此外，互动式教学工具如电子白板、学生响应系统等可以促进师生之间的互动和参与，提高学生的学习积极性和参与度。

（3）外语教师可以利用计算机辅助语言学习工具

计算机辅助语言学习工具如语言学习软件、在线词典、语法检查工具等可以为学生提供个性化的语言学习支持。外语教师可以引导学生使用这些工具，帮助他们进行自主学习和语言应用，提高学生的语言技能和学习效果。

（4）外语教师可以利用社交媒体和协作工具

社交媒体平台如微博、微信公众号等可以成为外语教师与学生之间互动和交流的渠道。通过社交媒体，外语教师可以与学生分享学习资源、答疑解惑、组织学习小组等，促进师生之间的互动和合作。同时，协作工具如在线协作平台、共享文档等也可以促进学生之间的协作学习和知识共享。

（5）外语教师应关注教育科技的发展动态和教育创新的趋势

教育科技和创新是一个不断发展和变化的领域，外语教师需要保持学习热情和求知欲，关注最新的科技应用和教育创新案例。通过参加相关的培训和研讨会，教师可以不断更新自己的知识和技能，应用最新的教育科技，提高教学效果和学习体验。

教育新常态要求外语教师紧跟教育创新和科技发展的步伐。通过掌握并应用新的教育技术和工具，如在线学习平台、虚拟实境、多媒体教学和互动式教学工具，计算机辅助语言学习工具，社交媒体和协作工具等，外语教师可以提升教学效果、丰富学习内容和提供更好的学习体验。

3. 提高教师职业发展与竞争力

外语教师专业发展的必要性还在于提高教师的职业发展和竞争力。通过不断学习和提升自身的教育教学能力，外语教师可以获得更多的职业机会和发展空间，增强自身的竞争力。

（1）外语教师可以通过不断学习和专业发展来提升自己的教育教学能力

教育领域的知识和理论在不断更新和演变，外语教师需要持续学习最新的教育理念、教学方法和课程设计等方面的知识。参加教育培训、研讨会和学术会议，阅读相关的教育专业书籍和期刊，与同行交流和分享经验，都是提升教师教育教学能力的有效途径。通过不断学习和专业发展，外语教师可以不断提升自己的专业素养，掌握最新的教育技术和教学方法，提高教学质量和教育教学能力。

（2）外语教师可以积极参与教育研究和学术活动，提升自己的学术影响力和研究能力

教育研究是教师职业发展和学术提升的重要途径。外语教师可以选择一个特定的教育领域进行深入研究，参与教育研究项目，撰写教育研究论文并发表在相关的学术期刊上。通过积极参与教育研究和学术活动，外语教师可以拓宽自己的学术视野，提高自己的研究能力和学术水平，增强自己的学术影响力和竞争力。

（3）外语教师可以参与教育项目和课题的开发和实施

参与教育项目和课题可以帮助外语教师拓宽自己的职业领域和经验，提升自身的项目管理和实施能力。外语教师可以积极参与各类教育项目，如教育改革项目、教育资源开发项目等，通过自己的努力和贡献，提升自己在教育领域的影响力和竞争力。

（4）外语教师可以积极参与教师评估和职业认证

教师评估和职业认证是一种衡量教师教育教学能力和职业水平的方式。外语教师可以参加各级教师评估和职业认证机构的认证活动，通过评估和认证，展示自己的教育教学能力和职业素养，提高自己的职业发展和竞争力。

（5）外语教师可以加强职业交流和合作

与同行教师的交流和合作可以为外语教师提供宝贵的经验和启发。外语教师可以积极参加教师交流和合作的活动，如学术研讨会、教师培训班等，与其他教师进行交流和合作，分享教学经验和教育教学方法，从中获取新的教育思想和教学灵感，提升自己的职业发展和竞争力。

提高教师职业发展与竞争力是教育新常态下外语教师专业发展的重要目标。外语教师

可以通过不断学习和专业发展，参与教育研究和学术活动，参与教育项目和课题的开发和实施，参与教师评估和职业认证，加强职业交流和合作等方式，不断提升自身的教育教学能力和职业素养，增强自身的竞争力，实现职业发展的目标。

教育新常态背景下外语教师专业发展的紧迫性和必要性体现在追求教育质量的提高、适应教育改革的要求、满足学生个性化需求、提高教学效果和学生成绩。外语教师需要不断提升自身的教育教学能力和专业素养，积极适应教育新常态的需求和变化，以更好地满足学生的学习需求，推动外语教育的创新与发展。

第三章　外语教师专业素质框架及内涵

第一节　专业发展特性

一、专业发展的规律性、阶段性

专业发展是外语教师在职业生涯中不断提升自身能力和素质的过程。它具有一定的规律性和阶段性，这些规律性和阶段性的特点对于外语教师的专业发展至关重要。

（一）专业发展的规律性

1. 学习与实践的相互促进

专业发展是一个不断学习和实践的过程。通过不断学习新的教育理论、教学方法和相关领域知识，外语教师能够拓宽自己的教育视野和能力。同时，将学到的知识和理论应用于实践中，通过实践中的反思和调整，进一步提高自身的教学效果和专业素养。

（1）学习指导实践

学习是外语教师专业发展的基础，通过学习，外语教师能够获取新的教育理论、教学方法和相关领域知识。这些学习内容为外语教师提供了新的思路和方法，帮助他们更好地理解教育过程和学生学习需求。通过学习，外语教师能够了解最新的教育研究成果和教育改革政策，为实践提供指导和支持。

（2）实践促进学习

实践是将学习转化为实际行动和经验的过程。通过实践，外语教师可以将学到的知识和理论应用于实际教学中，通过实践中的反思和调整，进一步提高自身的教学效果和专业素养。实践能够帮助外语教师发现教学中的问题和挑战，激发他们对教学的思考和创新，不断完善教学策略和方法。

（3）反思与改进

学习和实践之间需要进行反思与改进的循环。通过反思，外语教师能够深入分析自己的教学实践，发现问题和不足，并提出相应的改进措施。反思能够帮助外语教师深化对教育目标和学生需求的理解，进一步完善教学设计和实施过程。反思也促使外语教师不断更新自己的知识和教学方法，提高教学效果和专业水平。

（4）不断学习与实践的循环

学习和实践是一个不断循环的过程。通过学习，外语教师获取新的知识和理论；通过实践，他们将学到的知识应用于实际教学中，并通过反思和改进进一步提高自身的教学能力。随着实践的深入，外语教师会遇到新的问题和挑战，这又促使他们进行新一轮的学习和实践，形成良性循环。

学习为实践提供了理论指导和方法支持，而实践则是将学习转化为行动和经验的过程，通过反思和改进进一步提高教学效果和专业素养。外语教师应始终将学习与实践相结合，不断追求知识更新和教学创新，以提升自身的教育教学能力和专业发展水平。

2. 经验与反思的结合

专业发展需要结合个人的经验和反思。通过实际教学和经验积累，外语教师可以发现自己的优势和不足，并进行反思和调整。经验与反思的结合能够帮助外语教师不断优化自己的教学策略和方法，提高教学效果。

（1）借鉴经验

外语教师在长期的教学实践中积累了丰富的经验，包括成功的教学案例、有效的教学方法和策略等。通过借鉴自己和他人的经验，外语教师可以在教学中运用那些已被验证的方法，并通过调整和改进来适应不同的教学环境和学生需求。

（2）反思经验

经验只有通过反思才能真正转化为教育教学的智慧。外语教师在实践中应当及时反思自己的教学过程和效果。思考教学中的成功和失败之处，挖掘成功的原因和失败的教训，并从中得出教训和启示。反思有助于外语教师认识到自己的优点和不足，并为进一步改进提供方向。

（3）反思引导行动

反思并不只是停留在思考阶段，它需要引导行动。基于对自身经验的反思，外语教师应当制定具体的改进措施，并付诸实践。这意味着他们需尝试新的教学方法、策略或资源，通过实际操作来验证其有效性。反思引导的行动是将经验转化为实际改进的关键步骤。

（4）持续反思与提高

专业发展是一个持续的过程，外语教师应当将反思作为日常教学的一部分，并不断进行调整和提高。通过持续反思，外语教师可以跟踪教学进展，发现新的问题和挑战，并及时采取行动加以解决。持续反思有助于外语教师不断提高教学质量，逐步成为更出色的教育者。

通过借鉴经验、反思经验、引导行动，以及持续反思与提高，外语教师能够更好地应用经验与实践，优化教学策略和方法，提高教学效果。这种结合使外语教师能够不断提升自己的专业素养，为学生提供更优质的外语教育。

3. 持续学习与自我提升

专业发展是一个持续学习和自我提升的过程。外语教师需要持续关注教育领域的最新研究和发展，参加各类教育培训和学术交流活动，积极探索新的教学方法和教育技术，以不断提升自身的专业水平和竞争力。

（1）持续关注教育领域的最新研究和发展

外语教师应保持对教育领域的关注，关注最新的教育理论、教学方法和教育政策等方面的研究和发展。外语教师可以阅读教育期刊、参加学术研讨会、关注教育机构和专家的研究成果，及时了解行业的最新动态。

（2）参加各类教育培训和学术交流活动

外语教师可以参加各类教育培训和学术交流活动，如教师研修班、学术研讨会、国际教育交流项目等。这些活动提供了一个与同行交流、分享经验和学习最新教育理念和教学方法的机会，有助于拓宽视野，更新知识和技能。

（3）探索新的教学方法和教育技术

外语教师应积极探索和尝试新的教学方法和教育技术，如使用多媒体教学、在线学习平台、虚拟实境等。外语教师可以参与教学实验、尝试新的教学工具和资源，不断探索适合自己教学需求和学生学习特点的创新方法。

（4）反思和自我评估

外语教师应常常反思自己的教学实践和专业发展，对自己的教学效果和专业能力进行自我评估。通过反思和自我评估，发现自己的优势和不足，找到改进的方向和方法，进一步提高教学质量和专业水平。

（5）寻找导师和指导

外语教师可以寻找有经验的导师或教育专家来指导自己的专业发展。导师可以提供指导、建议和反馈，帮助外语教师更好地规划和实施自己的发展计划。

（6）建立学习网络和合作伙伴

外语教师可以主动建立学习网络和合作伙伴，与其他教师进行交流和合作。通过与其他教师的交流和合作，外语教师可以分享经验、学习借鉴，推动共同成长和专业发展。

持续学习和自我提升能够帮助外语教师不断拓展知识领域、提高教育教学能力，适应教育新常态下的挑战和需求。通过持续学习和自我提升，外语教师能够提高自身的专业素养和竞争力，为学生提供更优质的外语教育服务。

（二）专业发展的阶段性

1. 初始阶段

在职业生涯的初期，外语教师主要是通过接受教育和培训来获取基本的教育教学知识和技能。在这个阶段，外语教师需要建立自己的教育理念和教学方法，并开始实践和积累教学经验。

（1）教育教学知识和技能的获取

在初始阶段，外语教师主要通过接受教育和培训来获取基本的教育教学知识和技能。他们接受教育学、语言学和教育心理学等相关课程的教育，并学习教学方法和教学设计的基本原理。

（2）建立教育理念和教学方法

外语教师在初始阶段需要思考并建立自己的教育理念和教学方法。他们应该明确自己的教育目标和价值观，思考如何创造积极的学习环境，以及如何帮助学生达到预期的学习成果。

（3）实践和教学经验的积累

在初始阶段，外语教师开始实践和积累教学经验。他们通过实习、实习教学和指导教学等方式，亲身参与教学工作，并逐渐熟悉教学过程和学生需求。通过实践和经验积累，外语教师能够不断改进自己的教学方法和策略。

（4）寻找导师指导

在初始阶段，外语教师可以寻找有经验的导师或教育专家来指导自己的专业发展。导师可以提供宝贵的建议、反馈和指导，帮助外语教师更好地应对职业发展的挑战。

（5）持续学习和进修

初始阶段的外语教师应该有持续学习和进修的心态。他们可以参加教育培训课程、参与学术研讨会、阅读教育相关的专业书籍和期刊，以不断提升自己的专业知识和能力。

（6）自我反思和改进

初始阶段的外语教师应该养成自我反思和改进的习惯。他们应该定期回顾自己的教学实践，思考自己的优点和不足，并采取行动改进自己的教学方法和策略。

初始阶段是外语教师专业发展的重要阶段，外语教师在这个阶段通过接受教育和培训、建立教育理念和教学方法、实践和积累教学经验等方式，为自己未来的专业发展奠定坚实的基础。

2. 成长阶段

在职业生涯的成长阶段，外语教师已经具备了一定的教育教学经验和能力。他们开始关注教育研究和学术交流，不断深化自己的教育理论和方法，提高教学效果和学术水平。

（1）关注教育研究和学术交流

成长阶段的外语教师开始关注教育研究和学术交流。他们积极阅读和研究教育领域的相关文献和研究成果，关注最新的教育理论、教学方法和教育政策等方面的发展。同时，积极参与学术研讨会、教师研修班和国际教育交流项目等，与同行进行学术交流和分享经验。

（2）深化教育理论和方法

成长阶段的外语教师开始深化自己的教育理论和方法。他们通过进一步学习和研究，不断扩展自己的教育视野和思维方式。关注不同的教育理论，如构建主义教育理论、社会认知理论等，以及相应的教学方法和策略，如合作学习、问题解决和探究式学习等。

（3）提高教学效果和学术水平

成长阶段的外语教师致力于提高自身的教学效果和学术水平。他们不断改进和创新教学方法，注重教学的质量和效果。同时，积极参与教学研究和教学实践，探索和验证教学的有效性和可行性。通过不断反思和调整教学实践，提高学生的学习成果和满意度。

（4）寻求专业发展机会

成长阶段的外语教师开始寻求专业发展机会，以提升自己的职业发展和竞争力。外语教师可以申请参与教师领导岗位、担任教师培训导师、参与课程开发和教材编写等职务。这些机会可以帮助他们更好地拓展教育教学的领域，增加自己的专业影响力和知名度。

（5）寻找合作伙伴和建立专业网络

成长阶段的外语教师积极寻找合作伙伴和建立专业网络。他们与其他教师、教育机构、学术界和教育行政部门等进行合作，分享经验、探讨问题，共同促进教育教学的发展。通过合作和交流，彼此互相学习、借鉴和支持，提高自己的专业水平和发展潜力。

成长阶段是外语教师专业发展中的关键阶段，在这个阶段通过关注教育研究和学术交流、深化教育理论和方法、提高教学效果和学术水平、寻求专业发展机会及建立专业网络等方式，不断提升自己的专业素养和能力，为自己的职业发展打下坚实的基础。

3. 成熟阶段

在职业生涯的成熟阶段，外语教师已经具备丰富的教育教学经验和专业素养，并成为教学的领导者，能够指导和培养新手教师，参与教育项目和课题的开发和实施，对教育领域做出贡献。

（1）教学领导者的角色

成熟阶段的外语教师成为教学领导者，能够指导和培养新手教师。拥有丰富的教学经验和专业知识，能够分享自己的经验和教学策略，帮助其他教师提高教学水平，能够带领团队开展教学改进项目，推动学校的教学发展。

（2）参与教育项目和课题的开发和实施

成熟阶段的外语教师可以参与教育项目和课题的开发和实施。能够运用自己的专业知识和经验，参与教育政策的制定和实施，推动教育改革和创新。可以承担课程开发、教材编写、教学评估等重要任务，为教育领域做出贡献。

（3）学术研究和发表成果

成熟阶段的外语教师可以积极参与学术研究，并发表自己的研究成果。他们关注教育研究的前沿领域和热点问题，深入研究和探索教育理论和实践。参与学术会议和研讨会，与同行进行学术交流，分享自己的研究成果，为教育领域的发展做出贡献。

（4）继续专业发展和学习

成熟阶段的外语教师依然保持继续专业发展和学习的态度。他们关注教育领域的最新动态和研究成果，不断更新自己的教学理念和方法。参加进修课程、学术研讨会、教师研修班等，保持专业知识的更新和深化。

（5）担任导师和榜样的角色

成熟阶段的外语教师成为其他教师的导师和榜样。他们通过指导新手教师、提供反馈和建议，帮助其他教师成长和发展。以自身的经验和成就为他人树立榜样，激励和影响其他教师追求专业发展和卓越教学。

成熟阶段是外语教师专业发展的高级阶段，外语教师在这个阶段通过成为教学领导者、参与教育项目和课题的开发和实施、学术研究和发表成果、继续专业发展和学习及导师和榜样的角色，为教育领域的进步和发展做出重要贡献，并为其他教师提供指导和支持。

（三）各阶段的特点和任务

1. 初始阶段的特点和任务

在初始阶段，外语教师需要通过教育和培训获取基本的教育教学知识和技能。需要建立教育理念和教学方法，并开始实践和积累教学经验。在这个阶段，外语教师应注重课堂管理和基本教学技巧的培养，提高学生的学习积极性和兴趣。

（1）获取基本的教育教学知识和技能

初始阶段的外语教师需要通过教育和培训获取基本的教育教学知识和技能。外语教师需要学习教育心理学、教学原理、课程设计、教学评估等方面的基本理论知识，并掌握相应的教学技能和方法。

（2）建立教育理念和教学方法

在初始阶段，外语教师需要建立自己的教育理念和教学方法，思考自己对于教育的认知和目标，并形成一套适合自己的教学理念和方法。这有助于他们在后续的教学实践中保持一致性和连贯性。

（3）开始实践和积累教学经验

初始阶段的外语教师需要开始实践和积累教学经验，通过参与实习、教学观摩和助教等方式，亲身经历和感受教学过程。通过实践，外语教师逐渐熟悉课堂管理、教学组织和与学生互动等方面的技能，并不断提高教学的效果。

（4）注重课堂管理和基本教学技巧的培养

在初始阶段，外语教师应注重课堂管理和基本教学技巧的培养，学习如何管理学生的行为和学习秩序，保持课堂的纪律和秩序。此外，还应该掌握基本的教学技巧，如清晰地讲解、激发学生兴趣、引导学生思考等，以提高教学的效果和学生的学习积极性。

（5）提高学生的学习积极性和兴趣

在初始阶段，外语教师应注重提高学生的学习积极性和兴趣，通过设计富有趣味性和互动性的教学活动，激发学生的学习动力。同时，还应关注学生的个体差异和需求，采用不同的教学策略和方法，以满足不同学生的学习需求。

初始阶段是外语教师专业发展的起点，在这个阶段通过获取基本的教育教学知识和技能、建立教育理念和教学方法、开始实践和积累教学经验、注重课堂管理和基本教学技巧的培养，以及提高学生的学习积极性和兴趣等任务，为后续的教师专业发展奠定坚实的基础。

2. 成长阶段的特点和任务

在成长阶段，外语教师已经具备一定的教育教学经验和能力，开始关注教育研究和学术交流，不断深化自己的教育理论和方法。在这个阶段，外语教师应注重教学创新和教育研究，提高自己的教学水平和学术影响力。

（1）教育研究和学术交流的关注

在成长阶段，外语教师开始关注教育研究和学术交流，积极参与学术会议、研讨会和论坛，关注教育领域的最新研究和发展动态。通过学术交流，与同行进行思想碰撞和学术互动，拓宽自己的教育视野。

（2）教学理论和方法的深化

成长阶段的外语教师通过不断学习和研究，深化自己的教学理论和方法，关注教育领域的前沿理论和研究成果，如教育心理学、学习理论、课程设计等。通过理论的指导，外语教师能够更好地设计教学活动、解决教学问题，提高教学效果。

（3）教学创新和实践的追求

成长阶段的外语教师注重教学创新和实践，通过不断探索新的教学策略和方法，尝试新的教学工具和技术，以提高教学效果和学习体验。外语教师勇于尝试新的教学模式和教学资源，积极探索适合学生个体差异和学习需求的教学方式。

（4）学术影响力的建立

在成长阶段，外语教师开始注重建立自己的学术影响力，通过发表教育论文、撰写教材、参与教育项目等方式，积极分享自己的教育经验和研究成果。努力提高自己的学术声誉和影响力，为教育领域的发展做出贡献。

（5）寻求专业发展机会和提升

成长阶段的外语教师积极寻求专业发展的机会和提升，通过参加各类专业培训、学术研修班、教师研讨会等，不断提升自己的教育教学能力和专业素养。同时，关注个人职业发展规划，积极寻找晋升和提升的机会。

成长阶段是外语教师专业发展的关键时期，在这个阶段通过关注教育研究和学术交流、深化教学理论和方法、追求教学创新和实践、建立学术影响力及寻求专业发展机会和提升等任务，不断提升自身的教学水平和学术影响力，为教育领域的进步和发展做出贡献。

3. 成熟阶段的特点和任务

在成熟阶段，外语教师已经具备丰富的教育教学经验和专业素养，成为教学的领导者，能够指导和培养新手教师，参与教育项目和课题的开发和实施。在这个阶段，应注重教学领导和教育创新，为教育领域做出贡献，提高教育教学的质量和水平。

（1）教学领导的角色

在成熟阶段，外语教师成为教学的领导者，已具备丰富的教育教学经验和专业素养，能够指导和培养新手教师，分享自己的教学经验和教育理念，带领团队共同成长。

（2）参与教育项目和课题的开发和实施

成熟阶段的外语教师具备参与教育项目和课题的能力。外语教师通过积极参与教育研究和课题开发，提出创新的教育理念和方案，并在实践中进行验证和推广，为教育领域的发展做出贡献。

（3）注重教育领域的创新与改革

成熟阶段的外语教师注重教育领域的创新与改革。他们关注教育改革的前沿动态，积极参与教育政策的制定和实施。能够结合自身的教学经验和专业知识，提出创新的教育模式和教学方案，推动教育的发展和进步。

（4）推动教学质量和学生发展的提高

成熟阶段的外语教师注重推动教学质量和学生发展的提高。他们通过不断优化教学设计、改进教学方法，提高教学效果和学生的学习成果。关注学生的个体差异和需求，采用多样化的教学策略和方法，促进学生的全面发展。

（5）继续专业发展与学术交流

成熟阶段的外语教师持续进行专业发展和学术交流。他们关注教育领域的最新研究和发展，参加学术会议和研讨会，与同行进行学术交流和合作。通过不断学习和研究，更新自己的教育理念和教学方法，提高自身的学术影响力和专业水平。

成熟阶段是外语教师专业发展的最高境界，在这个阶段通过发挥教学领导的作用、参与教育项目和课题的开发和实施、注重教育领域的创新与改革、推动教学质量和学生发展的提高及继续专业发展与学术交流等任务，为教育领域的进步和提高教育教学的质量和水平做出重要贡献。

总结起来，专业发展具有一定的规律性和阶段性。外语教师在专业发展过程中需要不断学习和实践，结合个人的经验和反思，持续学习和自我提升。在不同的阶段，外语教师有不同的特点和任务。初始阶段注重教育培训和基本教学技巧的培养，成长阶段注重教学创新和教育研究，成熟阶段注重教学领导和教育创新。通过理解专业发展的规律性和阶段性，外语教师能够更好地规划和实施自己的专业发展，提升教育教学能力和职业素养。

二、外语教师专业发展成因

外语教师专业发展的成因是多方面的，涉及个人因素、教育环境因素及社会因素等。

（一）个人因素

个人因素是外语教师专业发展的基础。以下是一些个人因素的扩展讨论。

1. 自我意识和职业追求

外语教师在专业发展过程中需要具备积极的自我意识和职业追求。非常清楚自己的职业目标和发展方向，不断追求专业的成长和提升。

（1）明确职业目标

外语教师应该明确自己的职业目标，即对自己在教育领域的追求和期望。这有助于他们制订合适的职业发展计划，并为自己设定短期和长期的目标。明确的职业目标可以激励外语教师不断努力，追求专业的成长和提升。

（2）定位个人优势与劣势

外语教师需要有自我意识，深入了解自己的优势和劣势。非常清楚自己在教育教学方面的专业能力和特长，并努力发挥和发展这些优势。同时，也要识别和改善自己的劣势，通过学习和培训来提升相应的能力。自我意识能够帮助外语教师更好地定位自己的职业发展方向。

（3）持续学习与成长

外语教师应该持续学习和自我提升，以适应教育领域的变化和发展。主动关注最新的教育理论、研究成果和教学方法，参加专业培训和学术研讨会，不断充实自己的教育教学知识和技能。积极地职业追求能够驱使外语教师不断追求学习和成长，提高自身的教学水平和专业素养。

（4）发展专业网络和合作

外语教师在追求职业发展的过程中，应该主动发展专业网络和寻求合作机会。与同行教师、教育专家和学术机构建立联系，参与教研活动和合作项目，共同探讨和分享教学经验和研究成果。通过与其他教师的合作和交流，能够拓宽自己的视野，获取更多的专业资源和支持。

自我意识和职业追求对外语教师的专业发展起到关键作用。帮助外语教师明确职业目标、发展个人优势、持续学习和成长、建立专业网络和合作。这些因素相互促进，推动外语教师不断追求专业的成长和提升，为学生提供优质的教育教学服务。

2.学习动机和学习能力

外语教师专业发展需要具备良好的学习动机和学习能力。有持续学习的意愿和能力，积极寻求学习机会，不断充实自己的教育教学知识和技能。

（1）学习动机的重要性

学习动机是指个体参与学习活动的动力和意愿。外语教师需要具备良好的学习动机，即对学习的积极态度和持续渴望。积极的学习动机能够激励外语教师主动寻求学习机会，投入到教育教学知识的学习中，不断提升自身的专业素养和能力。

（2）自主学习能力

外语教师需要具备自主学习的能力，即能够自主制订学习目标和学习计划，主动寻找学习资源和机会，以及评估自己的学习成果。自主学习能力使外语教师能够独立进行教育教学知识的学习和探索，培养持续学习的习惯和能力。

（3）学习适应能力

外语教师需要具备学习适应能力，即适应教育领域变化和学习环境的能力。教育领域在不断变革和创新，外语教师需要灵活调整自己的学习策略和方法，以适应新的教学理念、教育政策和教育技术的应用。学习适应能力使外语教师能够快速适应新的学习环境和学习需求，保持与时俱进的教育教学水平。

（4）批判性思维和反思能力

外语教师需要具备批判性思维和反思能力，即能够对所学知识进行深入思考和分析，并将其应用于实际教学中。批判性思维和反思能力使外语教师能够审视自己的教学实践，发现问题和改进的空间，并通过反思和调整不断提高教学效果。

（5）学习协作与合作能力

外语教师需要具备学习协作与合作的能力，即能够与其他教师、教育专家和学术机构进行合作学习和交流。通过与他人的合作学习，能够共享经验和资源，开展教学研究和项目合作，共同提高教育教学的质量和水平。

良好的学习动机和学习能力能够激发外语教师的学习热情和动力，使他们具备自主学习、适应学习、批判性思维和反思、学习协作与合作等能力，不断提升教育教学的素质和能力，为学生提供优质的外语教育服务。

3. 反思与调整能力

外语教师专业发展需要具备反思与调整能力，能够及时反思自己的教学实践，发现不足并进行调整，不断提高自身的教学效果和专业素养。

（1）自我评估与反思

外语教师需要具备自我评估和反思的能力，即能够客观地评估自己的教学实践，发现存在的问题和不足之处。通过反思自己的教学行为、教学效果和学生反馈，外语教师可以深入了解自己的优势和改进的空间，为进一步的专业发展做出准确的调整。

（2）问题解决与改进能力

外语教师需要具备问题解决和改进的能力，即能够针对教学过程中遇到的问题，提出有效的解决方案，并实施和评估。通过对教学中的挑战和困惑进行深入思考和分析，外语教师能够找到解决问题的方法和途径，不断改进自己的教学策略和方法，提高教学效果和学生的学习成果。

（3）反馈接受与利用能力

外语教师需要具备接受和利用反馈的能力，即能够积极接受学生、同事和上级的反馈意见，将其作为改进教学的有益信息。通过倾听他人的意见和建议，外语教师能够发现自身的盲点和不足，并将反馈信息转化为行动，调整教学策略和方法，提高教学质量和学生满意度。

（4）持续学习与专业发展

反思与调整能力促使外语教师保持持续学习和专业发展的动力。通过不断反思和调整自己的教学实践，外语教师能够发现自己在教学中的弱点和需要提升的领域，进而积极寻求学习机会和专业培训，提升自身的教育教学知识和技能，保持与时俱进的专业素养。

通过自我评估与反思、问题解决与改进、反馈接受与利用及持续学习与专业发展，外语教师能够不断提高自身的教学效果和专业素养，适应教育新常态下的需求，为学生提供优质的外语教育服务。

（二）教育环境因素

教育环境是外语教师专业发展的重要因素。以下是一些教育环境因素的扩展讨论。

1. 学校支持和资源投入

学校的支持和资源投入对外语教师专业发展至关重要。学校应提供良好的教育教学环境和条件，提供必要的培训、研讨和教学资源，激励教师参与专业发展活动。

（1）提供良好的教育教学环境

学校应提供良好的教育教学环境，为外语教师创造一个积极的学习和教学氛围。包括提供适当的教室和设施，如多媒体教室、语音实验室等，以支持外语教学的有效展开。此外，还应提供良好的管理和组织机制，确保教学工作的顺利进行。

（2）提供必要的培训和研讨机会

学校应为外语教师提供必要的培训和研讨机会，以帮助他们不断提升教学能力和专业素养。包括教育教学理论的培训、教学方法的研讨会、教材和课程的更新培训等。通过这些培训和研讨机会，外语教师可以了解最新的教学趋势和方法，不断拓展自己的知识和技能。

（3）提供教学资源和支持

学校应为外语教师提供必要的教学资源和支持，以促进他们的专业发展。包括提供优质的教材、参考书籍和学习资料，以及支持教学的教具和技术设备。此外，还可以通过建立教学团队或导师制度，为外语教师提供指导和支持，帮助他们在教学实践中不断成长和改进。

（4）激励教师参与专业发展活动

学校应设立激励机制，鼓励外语教师积极参与专业发展活动。包括提供奖励和荣誉，如优秀教师评选、教学成果展示等，以及晋升和职称晋级的机会。通过激励措施，可以增强外语教师的专业发展动力，促进他们不断提升自身的教学水平和教育贡献。

学校的支持和资源投入对于外语教师的专业发展具有深远的影响。它们为外语教师提供了必要的条件和机会，帮助他们不断提高教学能力和专业素养。通过良好的教育教学环境、培训和研讨机会、教学资源和支持，以及激励机制的建立，能够激发外语教师的学习热情，促进其专业发展，从而提高教育教学的质量和水平。

2. 专业发展机制和政策支持

学校应建立健全专业发展机制和政策支持体系，为外语教师提供相应的职业发展通道和机会。包括提供晋升和晋级机会、组织教研活动和学术交流、支持教师参与课题研究和教学创新等。

（1）提供晋升和晋级机会

学校应设立明确的晋升和晋级机制，为外语教师提供职业发展的通道。包括晋升为高级教师、教学团队或学科带头人的机会，以及晋升为高级职称的机会。晋升和晋级机制的建立，可以激励外语教师持续发展和提升自身的教学水平和专业素养。

（2）组织教研活动和学术交流

学校应鼓励和支持外语教师参与教研活动和学术交流。包括组织教研讨论会、学术研讨会和学术会议，为外语教师提供交流和分享的平台。通过参与教研活动和学术交流，外语教师可以与同行进行深入的学术探讨和互相学习，拓宽自己的教育视野，提高专业水平。

（3）支持教师参与课题研究和教学创新

学校应支持外语教师参与教育科研项目和课题研究。可以为外语教师提供研究经费和研究资源，鼓励他们开展独立或合作的教育研究。此外，还应支持和鼓励教师进行教学创新，如开发新的教学方法、设计教学活动等。通过支持教师参与课题研究和教学创新，学校可以激发教师的研究热情，促进其专业发展和教育教学水平的提升。

（4）提供专业发展资源和培训支持

学校应提供必要的专业发展资源和培训支持，帮助外语教师不断提升教学能力和专业素养。包括提供教学资料和教学资源，支持教师参与专业发展课程和培训，如教育理论和教学方法的培训、课程设计与评价的培训等。通过提供专业发展资源和培训支持，能够帮助外语教师充实自己的教学知识和技能，不断提高教学效果和专业水平。

学校的专业发展机制和政策支持体系对于外语教师的专业发展具有重要的引导和推动作用。通过建立健全的晋升和晋级机制、组织教研活动和学术交流、支持教师参与课题研究和教学创新，以及提供专业发展资源和培训支持，可以激励外语教师积极参与专业发展活动，不断提升自身的教学能力和专业素养。这将有助于提高学校的教育教学质量，为学生提供更好的外语教育服务。

3. 教育改革和发展趋势

教育改革和发展趋势对外语教师专业发展产生重要影响。外语教师需要了解教育改革的方向和要求，及时调整自己的教学理念和方法，适应教育新常态下的需求和挑战。

（1）重视综合素质教育

教育改革的一个重要方向是重视综合素质教育。外语教师需要关注学生的综合素养和发展，培养学生的创新能力、沟通能力、批判思维等。在专业发展中，需要通过创新教学方法和评价方式，将综合素质教育融入外语教学中。

（2）强调跨文化教育

随着全球化的发展，跨文化教育在教育改革中越来越受重视。外语教师需要关注学生的跨文化意识和跨文化交际能力的培养。需要了解不同文化之间的差异和交流方式，并通过教学活动和案例研究等方式，帮助学生跨越文化障碍，增强跨文化交际能力。

（3）引入信息技术和创新教育工具

教育改革中引入信息技术和创新教育工具已经成为一项重要趋势。外语教师需要熟悉并灵活运用各种教育技术和工具，如在线学习平台、虚拟实境、教学应用程序等，以提升教学效果和学生的学习体验。

（4）倡导个性化教育

个性化教育已成为教育改革的重要方向之一。外语教师需要关注学生的个体差异和学习需求，提供个性化的学习支持和指导。需要灵活运用不同的教学策略和方法，根据学生的特点和需求进行差异化教学。

（5）强调学生参与和自主学习

教育改革趋向于强调学生的主体地位和积极参与。外语教师需要引导学生积极参与课堂活动、合作学习和项目研究等，培养学生的自主学习能力和合作精神。

教育改革和发展趋势对外语教师专业发展提出了新的要求和挑战。外语教师需要积极关注教育改革的方向和要求，不断更新教学理念和方法，提高自身的教学水平和专业素养，以适应教育新常态下的需求和挑战。这将有助于提高外语教育的质量和水平，为学生提供更优质的外语教学服务。

（三）社会因素

社会因素也对外语教师专业发展起到一定的影响。以下是一些社会因素的扩展讨论。

1. 教育政策和社会认可

外语教师专业发展需要得到教育政策的支持和社会的认可。政府和社会应重视外语教师的专业发展，制定相关政策和措施，提供相应支持和激励措施，鼓励外语教师积极投身于专业发展。

（1）教育政策的支持

政府和教育部门应制定相关政策和法规，明确外语教师专业发展的重要性和优先性。包括制定专业发展的指导文件、提供经费支持、组织专业培训和研讨会等。教育政策的支持将为外语教师提供一个良好的专业发展环境和机会。

（2）教育资源的投入

政府和学校应投入足够的教育资源，支持外语教师的专业发展。包括提供教学设备和教材、建立教学实验室和资源中心，以及购买相关的教育技术和工具。教育资源的投入将帮助外语教师提升教学效果和专业水平。

（3）建立评价机制

政府和学校应建立科学、公正的评价机制，对外语教师的专业发展进行评估和认可。包括教师评级制度、教学成果评估和教学能力认证等。建立评价机制将激励外语教师积极参与专业发展，提高教学水平。

（4）社会认可与支持

社会各界应重视外语教师的专业发展，认可他们的职业重要性和专业贡献。包括家长对教育的支持、社会媒体对教师的正面宣传、教育机构和行业组织的认可等。社会认可与支持鼓励外语教师投入专业发展，并为他们提供更多的发展机会。

教育政策的支持和社会的认可对外语教师的专业发展起到重要的推动作用。政府和社会应重视外语教师的专业发展需求，提供必要的政策支持、教育资源和社会认可，以促进外语教师的专业成长和提高外语教育的质量。为外语教师营造一个积极的专业发展环境，激发他们的学习动力和专业热情，从而不断提升外语教育的水平和影响力。

2. 教育需求和人才培养要求

社会对外语教育的需求和人才培养要求也对外语教师专业发展产生深远影响。外语教师需要关注社会的教育需求和就业市场的变化，不断提升自身的专业素养和竞争力，以适应社会的需求和挑战。

外语教师专业发展的成因涉及个人因素、教育环境因素和社会因素等多个方面。需要具备自我意识和职业追求、学习动机和学习能力，以及反思与调整能力等个人因素。教育环境需要提供支持和资源投入，建立健全的专业发展机制和政策支持，适应教育改革和发展趋势。而社会方面需要给予教育政策和社会认可，以满足教育需求和人才培养要求。以上成因共同促进外语教师专业发展的全面提升，推动教育领域的进步和发展。

第二节　优秀外语教师专业素质框架

一、外语学科教学能力

（一）教学内容的把握能力

外语教师应全面了解教授语言的语音、语法、词汇、语用等方面的知识，并能够将其系统化地组织和呈现给学生。他们应具备编写教材和设计教学大纲的能力，能够根据学生的学习需求和特点，合理安排教学内容。

1. 外语教师需要全面了解所教授语言的语音、语法、词汇、语用等方面的知识

应熟悉语言的基本结构和规则，并了解不同语言的特点和差异。这需要外语教师通过深入学习和不断更新自己的专业知识，掌握语言学习的最新发展动态，了解语言变化和语用习惯的变化，以便更好地向学生传授语言知识。

2. 外语教师应具备编写教材和设计教学大纲的能力

能够根据学科知识结构和学生的学习需求，设计和选择合适的教材和教学资源。教材的编写和教学大纲的设计应符合学科教育的要求和教学目标，具有逻辑性和系统性，能够帮助学生循序渐进地学习语言知识和技能。

3. 外语教师需要具备灵活运用教学内容的能力

能够根据学生的学习特点和需求，灵活调整和适应教学内容。例如，针对不同学生的学习能力和兴趣，外语教师可以通过选择不同的教学材料和活动，设计不同的教学任务和项目，以激发学生的学习兴趣和动力。

4. 外语教师应关注教学内容与现实生活的联系和应用

需要帮助学生将所学的语言知识和技能应用到实际生活中，培养学生的语言实际运用能力。通过与实际情境相结合的教学，外语教师能够使学生更好地理解和掌握语言的实际应用场景，提高学生的语言交际能力和跨文化交际能力。

5. 外语教师应关注不同学生的学习差异和个性化需求

根据学生的学习背景、兴趣和能力差异，灵活调整和个性化设计教学内容，以满足学生的学习需求。

外语教师的教学内容的把握能力对于优秀教师的专业发展至关重要。只有具备全面的语言知识和能力，掌握教材编写和教学设计的技巧，关注学生的学习差异和个性化需求，才能更好地完成教学任务，提高教学效果，培养学生的语言能力和跨文化交际能力。因此，外语教师应不断加强自身的专业学习和实践，提高教学内容的把握能力，为学生提供高质量的外语教育。

（二）教学方法的灵活运用能力

外语教师应熟悉各种教学方法和教学技巧，能够根据不同学生的学习风格和需求，选择和灵活运用适合的教学方法，提高教学效果。应注重互动式教学、合作学习和任务驱动的教学方式，培养学生的语言实际运用能力。

1. 外语教师应熟悉各种教学方法和教学技巧

应了解和掌握传统的教学方法，如直接教学法、演讲法、讲授法等，同时也要关注和学习现代教学方法，如任务驱动教学、合作学习、游戏化教学等。通过广泛了解和学习不同的教学方法，可以充实自己的教学工具箱，提升教学的多样性和灵活性。

2. 外语教师应根据不同学生的学习风格和需求，选择适合的教学方法

学生的学习风格和需求因人而异，有些学生偏好听觉学习，有些学生偏好视觉学习，还有些学生偏好实践性学习。外语教师应根据学生的特点，灵活运用不同的教学方法，以满足不同学生的学习需求。例如，对于视觉学习者，可以运用多媒体教学和图像辅助教学；对于听觉学习者，可以通过音频材料和听力练习来加强听力技能。

3. 外语教师应注重互动式教学和合作学习

互动式教学可以激发学生的兴趣和参与度，促进师生之间的良好互动。可以运用问答、讨论、角色扮演等方式，引导学生积极参与课堂活动。合作学习可以培养学生的团队合作精神和交流能力，可以设计小组讨论、项目合作等活动，让学生在合作中相互学习和提高。

4. 任务驱动教学也是外语教师灵活运用教学方法的重要方向

任务驱动教学注重学生的实际运用能力，通过模拟真实的任务和情境，培养学生的语言实际运用能力。可以设计情境教学活动、角色扮演、模拟交流等任务，让学生在实际场景中运用所学语言，提高语言交际能力和跨文化交际能力。

在教学方法的灵活运用中，外语教师还应注意根据教学内容和学习目标的不同，灵活

调整教学方法的组合和顺序，以达到最佳的教学效果。有时候，一种教学方法可能适用于某些教学内容和学习目标，而对于其他内容和目标则需要采用不同的教学方法。外语教师应灵活运用不同的教学方法，以最佳的方式呈现教学内容，促进学生的有效学习。

（三）学生学习能力的培养能力

外语教师应关注学生的学习过程和学习策略，能够指导学生有效地学习外语。应培养学生的自主学习能力、合作学习能力和跨文化交际能力，激发学生的学习兴趣和学习动力。

1. 外语教师应培养学生的自主学习能力

自主学习是指学生能够独立的规划学习目标、选择学习资源、制订学习计划，并有效地管理学习时间和任务。外语教师可以通过教学活动和指导，引导学生掌握学习方法和策略，培养他们的学习自觉性和学习能力。例如，教师可以组织学习小组，让学生自主合作完成任务，鼓励学生自主提出问题和寻找解决方案，引导学生反思学习过程和结果。

2. 外语教师应培养学生的合作学习能力

合作学习是指学生通过与他人合作，共同完成学习任务，相互交流和合作，共同构建知识。可以通过小组活动、项目合作等形式，培养学生的团队合作精神、交流能力和协作能力。教师可以设定合作学习的任务，鼓励学生互相讨论、分享经验和知识，通过合作学习，学生不仅可以共同解决问题，还能相互促进、相互学习，提高学习效果。

3. 外语教师应培养学生的跨文化交际能力

跨文化交际能力是指学生能够有效地在不同文化背景下进行交流和合作。可以通过多样化的教学内容和教学活动，引导学生了解和尊重不同文化的差异，培养他们的文化敏感性和跨文化交际能力。可以引入真实的跨文化素材、案例和角色扮演等活动，让学生亲身体验和应用外语知识的技能，提高他们在跨文化交际中的能力和自信心。

4. 外语教师应激发学生的学习兴趣和学习动力

学习兴趣和学习动力是学生持续学习的重要动力。可以通过创设情境、引入有趣的教学材料和活动，激发学生的学习兴趣。可以运用奖励机制、设立学习目标和反馈机制，激励学生积极参与学习。此外，外语教师还可以与学生建立良好的师生关系，关注学生的学习需求和个性差异，为学生提供积极的学习支持和鼓励。

在培养学生学习能力的过程中，需要根据学生的不同特点和学习需求，灵活运用不同的教学策略和方法。教师应关注学生的学习进展，及时调整教学内容和教学方法，为学生提供个性化的学习指导和支持。

（四）评估和反馈能力

外语教师应能够进行全面的学生评估，包括课堂表现评估、作业评估和考试评估等。能够提供及时和有效的反馈，帮助学生了解自己的学习进展和不足之处，并提供具体的改进建议。

1. 外语教师应进行课堂表现评估

课堂表现评估是指对学生在课堂上的参与度、合作能力、语言运用能力等方面进行评估。可以通过观察学生的发言和互动情况，记录学生的参与程度和表现，评估学生在课堂活动中的学习表现。评估的结果可以帮助教师了解学生的学习情况，针对学生的不足提供针对性的指导和支持。

2. 外语教师应进行作业评估

作业评估是指教师对学生的书面作业进行评估。教师可以根据作业的完成情况、语言运用的准确性和流利度、思维的深度和逻辑性等方面进行评估。作业评估的目的是帮助学生巩固所学知识，发展语言运用和思维能力。教师可以给予学生详细的评语和建议，指导学生改进作业的质量，并激励学生在下次作业中取得进步。

3. 外语教师应进行考试评估

考试评估是指教师对学生的考试成绩进行评估。教师可以设计和组织不同形式的考试，包括听力、口语、阅读和写作等方面的考试，评估学生的语言掌握程度和应用能力。考试评估的结果可以帮助教师了解学生的学习水平和成绩表现，根据评估结果调整教学策略和教学内容，提供有针对性的辅导和指导。

在评估学生的同时，外语教师还应及时提供有效的反馈。反馈是指教师对学生的评估结果进行说明和解释，并提供具体的改进建议。反馈应具有针对性、具体性和可操作性，帮助学生了解自己的学习进展和不足之处，并提供具体的改进建议。教师可以通过口头反馈、书面反馈和个别辅导等形式，与学生进行沟通和交流，激励学生对自己的学习进行反思和改进。

除了针对个体学生的评估和反馈，还应注重整体学习环境的评估和改进。教师可以通过问卷调查、讨论会和教学反思等方式，了解学生对教学内容、教学方法和学习资源的反馈和意见，从而不断改进教学的质量和效果。通过有效的评估和反馈，外语教师能够及时了解学生的学习情况和需求，调整教学策略和方法，提供个性化的学习支持和指导。

教师通过课堂表现评估、作业评估和考试评估等方式，了解学生的学习情况和表现，提供及时的反馈和建议。通过有效的评估和反馈，教师能够帮助学生了解自己的学习进展和不足之处，并提供具体的改进建议，促进学生的学习成长和发展。

优秀外语教师在外语学科教学能力方面具备全面的知识储备和教学技能，能够为学生提供优质的教育教学服务，帮助他们掌握外语知识和技能，培养跨文化交际能力，并激发学生的学习兴趣和自主学习能力。外语学科教学能力是优秀外语教师专业素质框架的重要组成部分，对于提高教学质量和培养具有全球竞争力的人才具有重要意义。

二、外语教师职业观与职业道德

（一）职业观的形成和意义

1. 外语教师职业观的定义和特点

外语教师职业观是指外语教师对自身职业的认知、价值观和职业意识。作为一名外语教师，通过专业培训和教育经验逐渐形成自己独特的职业观。外语教师职业观的特点包括以下几个方面。

（1）教育使命感

外语教师视教育事业为自己的使命，认为他们的职责是培养学生的语言能力、文化素养和跨文化交际能力，为学生的未来发展做出贡献。

（2）学生导向

外语教师关注学生的个体差异和发展需求，注重激发学生的学习兴趣和动力，以学生为中心，关注他们的学习成长和综合发展。

（3）终身学习意识

外语教师认识到自己是学习的推动者和学习者，应持续不断地学习和更新知识，以提升自身的教育教学水平和专业素养。

（4）教育伦理观

外语教师秉持着高尚的教育伦理观，遵循道德准则，尊重学生的人格和权益，倡导公平、公正和负责任的教育行为。

2. 外语教师职业观的形成因素

（1）个人经历

个人的成长背景、教育经历和教育价值观等对职业观的形成起着重要作用。个人的家庭背景、教育经验及受到的教育方式和理念都会影响教师对教育的认知和价值观。

（2）教育背景

接受专业教育和培训是外语教师职业观形成的重要因素。教师在教育学、外语学科和教育心理学等领域的学习和培训，能够帮助他们建立正确的教育理念和职业观。

（3）社会环境

社会文化、价值观和教育制度等社会环境因素对教师职业观的形成起着重要作用。不同社会文化背景和教育体制的差异会导致教师职业观的差异。

（4）职业文化

所在学校和教育机构的职业文化对教师职业观的塑造具有重要影响。学校组织的教师培训、专业交流和校园文化等都会对教师职业观的形成起到积极作用。

3. 职业观的意义

（1）指导教师的教育教学实践

外语教师职业观是教师教育教学实践的指导原则，它会影响教师的教学目标、教学策略和教学方法，促使教师关注学生的全面发展和个性成长。

（2）影响教师的教学效果和学生的学习成果

外语教师职业观直接影响教师的教学态度和教育教学质量。积极的职业观能够激发教师的工作动力，提高教学的热情和投入度，进而促进学生积极参与和学习效果的提升。外语教师职业观将学生的学习需求和发展目标放在首位，使教师能够根据学生的特点和需求，灵活调整教学策略，提供个性化的教学指导，从而促进学生的学习成果和综合素养的提升。

（3）激发教师的工作动力和职业满足感

外语教师职业观能够激发教师的工作动力和职业满足感。教师在教育事业中扮演着重要的角色，能够为学生的成长和发展做出积极的贡献。当教师的职业观与教育目标、教学实践相一致时，教师会感到自己的工作有意义，从而更加投入和满足于教学工作。

4. 促进教师的专业成长和发展

外语教师职业观对教师的专业成长和发展具有重要意义。教师在教学实践中不断反思和调整自己的教学方法和策略，从中获得教育经验和教学技能的提升。积极的职业观能够激发教师对自身教育教学能力的追求和进步，鼓励教师参与教育研究、学术交流和专业培训，不断提升自身的教育教学水平和专业素养。

5. 塑造教师形象和提升社会认可度

外语教师职业观能够塑造教师的形象，提升教师的社会认可度。教师秉持着积极的职业观，以专业的态度和责任心对待教学工作，能够为学生提供优质的教育教学服务。这样的教师形象能够获得学生、家长和社会的认可和尊重，提高教师的社会地位和影响力。

外语教师职业观对教师的职业发展和专业成长具有重要意义。能够指导教师的教育教学实践，影响教师的教学效果和学生的学习成果，激发教师的工作动力和职业满足感，促进教师的专业成长和发展，塑造教师的形象和提升社会认可度。因此，教师应重视培养和强化自己的职业观，不断完善自身教育理念和教学实践，提升自己的教育教学水平和专业素养。

（二）职业道德的内涵和要求

1. 外语教师职业道德的内涵

（1）教师的专业素养

外语教师应具备扎实的学科知识和教学能力，能够有效地传授外语知识和技能，提高学生的语言能力和跨文化交际能力。

（2）职业操守和教育伦理

外语教师应秉持高尚的职业道德操守，遵守教育法律法规和学校的规章制度，不从事违法违规的行为，尊重学生的人格尊严和隐私。

（3）尊重学生权益

外语教师应尊重学生的个体差异和学习需求，关注学生的身心健康，提供公平、公正、包容的学习环境，保护学生的权益和利益。

（4）关注学生全面发展

外语教师应关注学生的综合发展，培养学生的创新思维、批判性思维和合作精神，引导学生积极参与社会实践和公益活动。

（5）诚信和公正

外语教师应保持诚信，不作弊、不抄袭，正确评价学生的学习成绩和表现，确保教育的公平性和公正性。

2.外语教师职业道德的要求

（1）教学专业能力

外语教师应具备良好的教学专业能力，包括教学方法的灵活运用、课堂管理能力、教学资源的合理利用等，以确保高质量的教学效果。

（2）尊重学生权益

外语教师应尊重学生的个体差异和权益，不歧视、不压迫学生，关注学生的情感需求和心理健康，为学生提供安全、和谐的学习环境。

（3）爱岗敬业和专业发展

外语教师应热爱教育事业，敬业投入，持续提升自身的教育教学水平和专业素养，不断学习和更新教育理念和教学技能。

（4）保护学生隐私

外语教师应严格保护学生的个人隐私和信息安全，不泄露学生的个人信息，妥善处理学生的个人问题和隐私。

（5）建立良好的师生关系

外语教师应建立良好的师生关系，建立师生之间的互信和沟通，关心学生的学习和成长，给予学生积极的指导和鼓励。

3.职业道德的重要性

（1）建立良好的教师形象

外语教师职业道德的遵守有助于塑造教师的良好形象，树立信任和相互尊重的师生关系，提升教师的社会声誉和形象。

（2）保障教育公平和公正

外语教师职业道德的遵守能够维护教育的公平和公正，确保教育资源的合理分配，使每个学生都能享受到平等的教育机会。

（3）促进学生的健康成长

外语教师职业道德的遵守有助于促进学生的身心健康，关注学生的全面发展，培养学生的良好品德和价值观。

4.增强教师的教育责任感

外语教师职业道德的遵守能够增强教师的教育责任感，使教师更加关注学生的学习需求和发展，提供更优质的教育服务。

外语教师职业道德对教师的行为规范和职业发展具有重要意义。教师应遵守职业道德的要求，尊重学生权益，关注学生全面发展，保持诚信和公正，努力塑造良好的教师形象，为学生的成长和社会的发展做出积极贡献。

（三）外语教师职业观和职业道德的培养和提升

1.外语教师职业观和职业道德的培养

（1）教育培训和课程

学校和教育机构可以提供针对外语教师的专业培训和课程，包括教育伦理、职业操守、师德师范等方面的内容。这些培训和课程可以帮助教师深入理解职业道德的重要性，树立正确的职业观。

（2）同行交流和合作

外语教师可以通过与同行的交流和合作，分享教育经验和教学实践，相互启发和影响。这种同行交流和合作可以促进教师之间的职业观交流，共同探讨如何更好地履行教育职责和道德要求。

（3）自我反思和成长

外语教师应该时刻反思自己的教育实践，审视自己的职业观和行为准则。通过自我反思，教师可以发现自己的不足之处，进一步完善自己的职业观和职业道德，持续提升自身的教育素养。

2. 外语教师职业观和职业道德的提升

（1）参与教育研究和学术交流

外语教师可以积极参与教育研究和学术交流，关注教育伦理和职业道德的前沿理论和实践。参与研究和交流可以拓宽教师的教育视野，深入理解职业道德的内涵和要求。

（2）持续学习和专业发展

外语教师应保持持续学习的态度，关注教育领域的最新发展和趋势。参加专业培训、学习新的教育理论和方法，不断提升自己的教学能力和专业素养。

（3）借鉴优秀榜样和模范教师

外语教师可以关注和学习那些具有良好职业观和职业道德的优秀榜样和模范教师。通过学习他们的经验和做法，可以在实践中不断改进自己的职业观和职业道德。

（4）培养学生的职业道德意识

外语教师可以在教育实践中培养学生的职业道德意识。通过引导学生关注伦理和道德问题，培养学生正确的价值观和行为准则，教师也能更好地践行自己的职业观和职业道德。

外语教师职业观和职业道德的培养和提升是一个长期的过程，需要教师不断学习、反思和成长。通过专业培训、同行交流、自我反思和持续学习，外语教师能够树立正确的职业观，遵循职业道德准则，提升教育质量和专业水平，为学生的发展和社会的进步做出积极贡献。

（四）外语教师职业观和职业道德的价值和意义

外语教师职业观和职业道德的形成和践行对教师个人、学生以及整个教育系统都具有重要的价值和意义。

1. 对教师个人的价值

外语教师职业观和职业道德的形成和践行，首先对教师个人具有重要的价值。职业观的形成使教师能够明确教育的意义和目标，树立正确的教育价值观，从而更好地规划和指导自己的教育教学实践。职业道德的践行要求教师遵循道德准则、承担职业责任、保持教育专业的操守，这不仅有助于提升教师的职业水平和专业发展，而且能够增强教师的职业满意度和幸福感。

2. 对学生的价值

外语教师职业观和职业道德的践行对学生具有积极的影响和价值。职业观的形成使教师能够关注学生的全面发展和个性特点，将学生的利益置于教育工作的核心位置。教师在教学实践中注重培养学生的道德品质、思维能力、创新能力和合作精神，以帮助学生成为有道德情操、有社会责任感的全面发展的人。同时，教师的职业道德践行也能够建立起良好的师生关系，提供积极的学习环境和学习经验，激发学生的学习兴趣和动力。

3. 对教育系统的价值

外语教师职业观和职业道德的践行对整个教育系统具有积极的价值。教师作为教育系统的重要组成部分，其职业观和职业道德的践行对于提升教育质量、建立良好的教育文化具有重要意义。教师的职业观和道德准则能够树立起教育的核心价值，引领教育改革和发展的方向。同时，教师的职业道德践行能够树立教师的良好形象和声誉，增强社会对教育的信任和认可，推动整个教育系统的可持续发展。

外语教师职业观和职业道德的形成和践行对教师个人、学生及整个教育系统具有重要的价值和意义。它不仅能够提升教师的职业水平和满意度，促进学生的全面发展和个性成长，还能够推动教育质量的提升和教育事业的可持续发展。因此，教师应该重视并践行职业观和职业道德，为教育事业的进步和社会的发展做出积极贡献。

三、外语教学观

优秀外语教师的外语教学观是指对外语教学的理念、目标和方法的认知和理解。他们具有明确的教育理念，秉持着以学生为中心、全面发展的教育观念，追求高效、有意义的外语教学。

（一）以学生为中心的教学观

优秀外语教师坚信学生是教学的核心，注重发掘学生的潜力，关注学生的个性特点和学习需求。他们以学生的兴趣、动机和学习风格为出发点，设计有针对性的教学活动和任务，激发学生的学习热情和自主学习能力。优秀外语教师注重培养学生的综合语言能力，包括听、说、读、写、译等方面，帮助学生全面提升外语交际能力。

（二）教学目标的设定与达成

优秀外语教师设定明确的教学目标，并通过科学合理的教学安排和评估方式，帮助学生达成这些目标。他们了解学生的起点和学习进程，根据学生的能力和需求，合理设定阶段性和长期的学习目标。同时，优秀外语教师注重培养学生的学习策略和自主学习能力，使学生能够在教师的指导下，逐渐成长为独立、自主的学习者。

1. 了解学生的需求和特点

优秀外语教师首先努力了解每个学生的个体差异和学习需求。他们通过各种途径，如调查问卷、个别交谈、观察学生在课堂上的表现等，收集学生的信息，了解他们的学习背景、兴趣爱好、学习风格等方面的情况。在此基础上，能够根据学生的需求和特点，有针对性地制订教学计划和教学策略，以提高学生的学习效果和学习满意度。

2. 激发学生的学习热情和动机

优秀外语教师注重激发学生的学习热情和动机。他们通过创设积极、互动的学习环境，设计有趣、具有挑战性的教学活动，激发学生的好奇心和求知欲。还注重与学生建立良好的师生关系，倾听学生的声音和意见，关心他们的学习进展和个人成长，为学生提供支持和鼓励。

3. 培养学生的自主学习能力

优秀外语教师致力于培养学生的自主学习能力。他们鼓励学生积极参与学习过程，提供适当的学习资源和工具，引导学生学会自主获取、组织和应用知识的能力。指导学生发展有效的学习策略，培养他们的学习规划和自我评估能力，使学生能够在教师的引导下，逐渐成长为独立、自主的学习者。

4. 个性化教学和差异化指导

优秀外语教师关注学生的个体差异，实施个性化教学和差异化指导。他们根据学生的学习能力、兴趣和目标，提供个性化的学习任务和挑战，使每个学生都能在适合自己的学习节奏和难度水平上取得进步。鼓励学生相互合作、互助学习，促进学生之间的交流和合作，让学生在协作中共同成长。

（三）多元化教学方法的运用

优秀外语教师熟悉并善于运用多种教学方法，根据不同的学生特点和学习任务，选择合适的教学策略和方法。他们充分利用多媒体技术和教学资源，设计生动、互动的教学活动，激发学生的学习兴趣和参与度。注重培养学生的批判性思维和创造性思维，通过启发式教学、合作学习和探究式学习等方法，培养学生的思维能力和问题解决能力。

1. 多媒体教学的运用

优秀外语教师充分利用现代多媒体技术和教学资源，如投影仪、电脑、音频、视频等，以及互联网上的丰富学习资料和应用程序。他们通过展示生动的图像、视频和音频材料，激发学生的视听感知，增加学习的趣味性和吸引力。多媒体教学不仅可以使学习内容更加生动有趣，还能帮助学生更好地理解和运用外语。

2. 合作学习的实施

优秀外语教师注重通过合作学习来促进学生之间的互动和合作。他们组织学生进行小组活动、合作项目和角色扮演等，让学生在与他人合作中互相学习、交流和分享。合作学习可以促进学生的交流和合作能力，培养他们的团队意识和社交技能。此外，通过与他人合作解决问题，学生也能够培养批判性思维和创造性思维能力。

3. 探究式学习的推动

优秀外语教师鼓励学生通过自主探究和发现来构建和理解知识。他们设计问题驱动的学习任务，让学生主动提出问题、探索解决方案，并通过实践和反思深化对知识的理解。探究式学习能够激发学生的主动学习意识，培养他们的独立思考和问题解决能力，使学生对所学的外语知识和技能有更深入的理解和应用。

4. 不同能力层次的教学策略

优秀外语教师根据学生的能力层次和学习需求，选择适合不同层次的教学策略和方法。他们根据学生的语言水平和学习目标，设计不同难度和深度的教学活动，以满足不同学生的学习需求。例如，对于初学者，可能采用情境教学和游戏活动来培养语言基础和基本交际能力；对于高级学生，可能组织辩论或文献阅读讨论等活动，以提高学生的批判性思维和学术能力。

（四）评估与反馈的重视

优秀外语教师重视对学生学习情况的评估和反馈，通过多种形式的评估方式，全面了解学生的学习情况和进展。他们不仅关注学生的学术成绩，还关注学生的学习过程和学习策略的运用。善于给予及时、具体的反馈，帮助学生认识自己的学习优势和不足，提供个性化的学习指导和改进建议，激励学生积极投入学习，不断提升自己的学习能力和成绩。

1. 多元化评估方式的运用

优秀外语教师运用多种评估方式来全面了解学生的学习情况和进展。除了传统的笔试和口试，还采用项目作业、小组讨论、口头演示、作品展示等评估形式。这些多元化的评估方式能够更准确地反映学生的综合能力和学习成果，避免仅仅依靠单一的考试成绩来评价学生。

2. 及时、具体地反馈

优秀外语教师注重给予学生及时、具体的反馈。他们不仅关注学生的答案是否正确，更关注学生的学习过程和思维方式。通过详细的评语和解释，指出学生在学习中的优势和不足，并提供具体的改进建议。这样的反馈能够帮助学生认识自己的学习情况，发现自身的不足，并为进一步提升提供指导。

3. 个性化的学习指导

优秀外语教师重视个性化的学习指导。他们根据学生的学习情况和需求，为每个学生制订个性化的学习计划和目标。通过对学生的评估和观察，他们了解学生的学习风格和学习策略的使用情况，并针对性地提供适合学生的学习建议和指导。这样的个性化学习指导能够帮助学生更好地发挥自己的优势，克服学习障碍，实现个人的学习目标。

4. 学习进展的跟踪和记录

优秀外语教师重视学生学习进展的跟踪和记录。他们定期对学生的学习情况进行评估，并将评估结果记录在学生档案中。这样的跟踪和记录能够帮助教师了解学生的学习轨迹和成长过程，为后续的教学提供依据和参考。同时，这些记录还可以提供给学生和家长参考，让他们了解学生的学习情况，共同关注学生的进步和发展。

5. 鼓励自我评估和同伴评价

优秀外语教师鼓励学生进行自我评估和同伴评价。他们教导学生学会审视自己的学习成果和学习过程，从不同角度评估自己的学习表现。同时，他们也鼓励学生互相交流和分享自己的观察和评价，帮助彼此发现和解决学习中的问题。这样的自我评估和同伴评价能够促进学生的反思和自我认知，培养他们的学习自觉性和批判性思维。

优秀外语教师重视评估与反馈的过程，通过多元化的评估方式和具体的反馈，帮助学生了解自己的学习情况和进展，提供个性化的学习指导和改进建议。这种重视评估与反馈的态度能够激励学生积极投入学习，不断提高自己的学习能力和成绩。

四、外语教师学习与发展观

优秀外语教师具备积极的学习与发展观，他们持续学习、不断进步，并在教学实践中不断提升自己的专业能力和教育素养。

（一）学习的持续性

优秀外语教师相信学习是一个持续的过程，他们始终保持学习的态度和动力。不仅通过参加教师培训、学术研讨会等专业活动来扩展知识和技能，还自主学习、阅读相关教育文献和研究成果，保持对最新教育理论和方法的关注。他们了解教育领域的新动态，不断更新自己的教育观念和教学策略。

1. 优秀外语教师重视参加教师培训和专业研讨会

积极参与学校或教育机构组织的教师培训课程，通过系统的培训学习新的教学理念、教学技巧和教育政策。此外，还积极参加学术研讨会、教育研究项目等活动，与同行交流、分享经验，了解最新的教育研究成果和教学实践经验。

2. 优秀外语教师具有自主学习的能力

善于利用各种教育资源，包括图书馆、学术期刊、在线学习平台等，进行独立的学习和研究。关注教育领域的前沿动态，主动搜索和阅读相关教育文献和研究成果，了解最新的教育理论和研究成果。通过自主学习，不断更新自己的教育观念和教学策略，以适应不断变化的教育环境和学生需求。

3. 优秀外语教师注重自我反思和总结

定期回顾自己的教学实践，思考教学过程中的成功和挑战，分析教学效果和学生的学习成果。通过反思和总结，识别自己的优点和不足，制定改进措施，不断提高教学质量和效果。

优秀外语教师学习的持续性不仅能够帮助他们保持专业竞争力，还能够提升教学效果和学生学习成果。不断学习和更新知识，使他们能够更好地应对教学中的挑战和变化，提供富有创新性和适应性的教学方法和策略。同时，持续学习也能够激发他们对教育事业的热情和动力，不断追求教育的进步和发展。通过不断学习和更新，优秀外语教师能够为学生提供更优质的教育，为教育事业的发展做出贡献。

（二）自主学习的能力

优秀外语教师具备自主学习的能力，善于独立思考、自我探索和解决问题。他们主动寻求学习机会，积极利用教育资源，包括图书馆、学术期刊、在线课程等，深入研究教育领域的前沿知识。他们善于总结经验，从实践中不断提炼和归纳教学方法和策略，并进行反思和调整，以不断改进自己的教学效果。

1. 自我驱动

优秀外语教师具有自我驱动的学习意愿和动力。对自身的专业成长和发展充满热情，有持续学习的内在动力。他们意识到学习是个人成长和提高教学质量的重要途径，因此主动寻求学习机会和资源。

2. 自我组织

优秀外语教师懂得如何自我组织学习，制订学习计划和目标，并合理安排学习时间。他们能够识别自己的学习需求和目标，选择适合自己的学习资源和方法，确保学习的系统性和连贯性。

3. 自我探索

优秀外语教师具有探索精神。他们不满足于表面的知识和常规的教学方法，而是主动探索新的领域和教学思路。愿意尝试新的教育理念、教学方法和教育技术，并从中发现适合自己的方法。

4. 批判性思维

优秀外语教师具备批判性思维能力。他们能够评估和分析教育资源和信息的可靠性和适用性，主动思考和提出问题。能够审视教育实践中的偏见和局限，并寻找创新的解决方案。

5. 反思能力

优秀外语教师懂得反思和总结。他们能够对自己的教学实践进行客观地评估和分析，从教学中获取经验和教训，思考教学的效果和改进的方向，并相应地调整自己的教学策略和方法。

通过自主学习，优秀外语教师能够不断更新知识、改进教学方法、提高教学质量和学生学习成果。能够积极应对教育领域的变化和挑战，不断提升自己的专业水平，为学生提供优质的教育服务。同时，自主学习也能够激发他们的创新思维和教育热情，推动教育领域的发展和进步。

（三）合作学习与协作能力

优秀外语教师重视与同行的合作学习和交流。积极参与教研活动、学术研讨会和教师团队的工作，与他人分享经验、交流教学心得，并从中获得启发和帮助。乐于与同行进行教学案例分析、课程设计等合作性的教学活动，通过协作提升自身的教学能力，并为教育领域的发展做出贡献。

1. 合作学习的重要性

优秀外语教师认识到合作学习对学生的学习和发展具有积极影响。通过与同学合作，学生能够相互交流和分享知识、经验和观点，增强彼此的理解和学习效果。合作学习培养学生的团队合作能力、沟通技巧和解决问题的能力，有助于提高学生的学习动机和参与度。

2. 合作学习在教师专业发展中的作用

优秀外语教师重视与同行的合作学习和交流。通过参与教研活动、学术研讨会和教师团队的工作，与其他教师分享教学经验、交流教学心得，并从中获得启发和帮助。合作学习能促进教师之间的互相学习和成长，提高教师的教学能力和专业水平。

3. 协作能力的培养

优秀外语教师具备良好的协作能力，能够与同事、学生和家长建立良好的合作关系。注重与同事的合作，通过合作性的教学活动、课程设计和教材开发，共同提高教学质量和效果。还注重与学生和家长的协作，与他们建立积极的沟通和互动，了解学生的需求和问题，并寻找解决方案。

4. 协作能力的重要性

协作能力对于优秀外语教师的职业发展和教学效果具有重要意义。通过与同事、学生和家长的合作，能够充分发挥团队的智慧和资源，共同解决教学中的问题和挑战。协作能力有助于建立良好的师生关系，增强教师的教学影响力和信任度。此外，协作能力还能促进教育领域的合作与共享，推动教育事业的发展和进步。

通过合作学习和协作能力的培养，优秀外语教师能够与同行合作，相互学习和支持，提高自身的教学水平和专业素养。同时，与学生和家长的协作能力，有助于建立积极的师生关系，提升学生的学习效果和发展。协作能力也能促进教师与教育系统、学术界及社会的合作，共同推动教育领域的改革和发展。

（四）反思与制订个人专业发展计划能力

优秀外语教师具备反思和自我评估的能力。他们定期对自己的教学实践进行反思和总结，审视教学效果、学生反馈和教学过程中的问题，分析原因并制定改进措施。同时，他们制订个人的专业发展计划，明确自己的发展目标和路径，并不断更新和完善自己的专业知识和技能。

1. 反思的重要性

优秀外语教师重视反思，通过对教学实践的深入思考和评估，可以发现自身教学中的优势和不足之处。反思有助于他们认识到自己的教学风格和偏好，发现潜在问题并寻找解决方案。通过反思，能够不断改进和提升自己的教学效果，为学生提供更好的学习经验。

2. 自我评估的方法

优秀外语教师使用多种方法进行自我评估，包括教学观察、学生反馈、同行评议和自我评分等。他们通过观察自己的课堂教学，注意学生的反应和参与度，以及教学效果的显现。此外，还可以向学生收集反馈意见，了解学生的学习体验和意见。同时，与同行教师进行交流和合作，接受他们的评议和建议，有助于发现自身的盲点和提升空间。

3. 制订专业发展计划

优秀外语教师制订个人的专业发展计划，明确自己的发展目标和路径。根据自身的需求和兴趣，选择适合自己的专业发展方向，例如，参加专业培训、攻读学位、参与教育研究或学术交流等。专业发展计划可以帮助优秀外语教师规划学习和成长的步骤，保持学习的动力和方向性。

4. 持续更新专业知识和技能

优秀外语教师意识到专业知识和技能的重要性，并持续更新和完善自己的教学能力。关注教育领域的新理论、新方法和最新的教材资源，参加专业培训和学术会议，阅读相关教育文献和研究成果。通过持续学习，不断提高自己的教学水平和专业素养，保持与时俱进。

通过反思，他们可以发现自身的优势和不足，并制定改进措施。通过制订专业发展计划，可以明确发展目标和路径，并持续更新自己的专业知识和技能。这样的反思和专业发展计划帮助他们不断成长和进步，提供更好的教学质量和学习体验。

总而言之，优秀外语教师具备积极的学习与发展观，他们持续学习、自主学习，并通过合作学习及反思与专业发展计划等方式不断提升自己的专业能力和教育素养。他们始终保持对教育领域的关注和热爱，致力于为学生的学习成长和全面发展做出积极贡献。

第四章 教育新常态下外语教师的专业素养要求

第一节 语言能力要求

一、教育新常态下外语教师语言能力的提升要求

在教育新常态下，外语教师的语言能力提升要求日益重要。随着社会的快速发展和全球化的进程，外语教师需要具备高水平的语言能力，以适应多样化的教学需求和学生的学习需求。

（一）多语种掌握和语言能力提升

在教育新常态下，外语教师需要具备多语种掌握的能力。除了精通所教授的外语，对其他重要的世界语言也应有一定的了解和掌握。这有助于教师更好地理解不同文化之间的差异和交流方式，拓宽学生的语言学习视野。因此，外语教师需要持续提升自己的语言能力，通过参加语言培训、学习语言文化背景和交流实践等方式不断提升自己的语言水平。

1. 语言学习和培训

外语教师可以参加专门的语言学习课程和培训班，提升自己在目标语言上的听、说、读、写和翻译能力。这些培训可以由专业的语言学习机构、语言学院或国际语言考试中心提供。

2. 语言交流和实践

外语教师可以通过参加语言交流项目、语言实践活动和交换计划来提升自己的语言能力。包括参加语言交流团体、语言学习社群、外语演讲比赛、语言角等，与母语人士进行实际的语言交流和互动。

3. 多媒体和在线资源利用

外语教师可以利用多媒体资源、在线学习平台和语言学习软件来提升自己的语言能力。这些资源可以提供丰富的听力材料、语法练习、词汇扩充和语音训练等，帮助外语教师进行自主学习和语言实践。

4. 语言文化背景学习

外语教师应了解所学语言的文化背景和社会习俗。通过学习目标语言的文学作品、历史文化、艺术和传统习俗等，可以更好地理解和传达目标语言的意义和用法。

外语教师在教育新常态下需要持续提升自己的多语种掌握和运用语言的能力。通过学习、交流、实践和专业发展，能够更好地应对多语种教学挑战，提供高质量的语言教育，促进学生的全面发展。

（二）学科专业知识的拓展和提升

外语教师需要具备扎实的学科专业知识，包括语言文化、语言学、语言教学法等方面的知识。随着教育新常态的发展，外语教学也面临着新的挑战和需求。通过持续学习和专业发展，拓展自己的学科知识，了解最新的语言教学理论和实践，掌握先进的教学方法和技巧，更好地满足学生的学习需求。

1. 语言文化知识的拓展和提升

外语教师应该深入了解所教授语言的文化背景和语言使用情境。需要熟悉该语言所属国家或地区的历史、地理、社会制度、价值观念等方面的知识，以便将语言教学与文化相融合。通过学习语言所表达的文化内涵，外语教师能够更好地培养学生的跨文化交际能力，帮助他们理解和尊重不同文化之间的差异。

2. 语言学知识的拓展和提升

语言学是外语教学的基础，外语教师需要掌握语言学的基本概念、理论和研究方法。应了解语音、语法、词汇、语用等语言要素的特点和规律，以便更好地分析和解释语言现象。通过深入学习语言学知识，外语教师能够帮助学生理解和掌握语言结构、准确运用语言，并帮助他们克服语言学习中的困难。

3. 语言教学法知识的拓展和提升

语言教学法是指教师在语言教学过程中采用的教学策略和方法。外语教师需要了解不同的教学法，并根据学生的学习需求和特点选择合适的教学方法。应熟悉教学法的原理和应用，掌握多种教学技巧，例如，互动式教学、情景教学、任务驱动教学等，以促进学生的语言交际能力和实际运用能力。

4. 教育研究和专业发展的参与

外语教师应积极参与教育研究和专业发展活动，不断拓展和提升学科专业知识。可以参加学术研讨会、教师培训课程和教学研究团队，与同行进行交流和合作。通过参与研究项目和教学实践，能够不断探索和应用新的教育理念和方法，提升自己的学科专业知识和教学能力。

外语教师的学科专业知识的拓展和提升是他们为学生提供优质外语教育的基础。通过深入学习语言文化知识、语言学知识和语言教学法知识，外语教师能够更好地理解语言的特点和教学需求，为学生提供有针对性的教学服务。同时，他们积极参与教育研究和专业发展，不断更新自己的学科知识，提高教学水平，以适应教育新常态下的需求和挑战。

总的来说，外语教师在教育新常态下需要不断提升自身的语言能力，这不仅对于教师个人的专业发展和职业提升具有重要意义，更为重要的是能够为学生提供更优质的语言教育。通过不断学习、交流和合作，利用现代技术和教学工具，以及持续的反思和评估，优秀外语教师能够在教育新常态下取得更好的教学效果，帮助学生实现语言学习目标，促进学生全面发展。

二、外语教师语言能力培养的策略和方法

（一）模仿和沉浸式学习

外语教师可以通过模仿和模拟真实语境来提高语言能力。观看外语电影、听力材料、广播节目等，模仿语音、语调和语法结构，提高自己的语言表达能力。同时，积极参与语言沉浸式环境，例如，参加语言交流活动、与母语人士交流，加强对语言的实际运用和感受。

1. 模仿学习的重要性和方法

模仿学习是一种有效提高语言能力的方法。外语教师可以通过以下方式进行模仿学习。

（1）观看外语电影和电视剧

选择与所学语言相符的外语电影和电视剧，通过观察演员的发音、语调和表达方式，模仿他们的语音特点和口音。同时，可以通过字幕的辅助，学习新词汇和句子结构。

（2）听力材料的模仿

选择适合自己水平的听力材料，如录音课程、听力练习、外语广播节目等。反复听取并模仿其中的语音、语调和语速，提高自己的听力理解和口语表达能力。

（3）阅读并模仿优秀的写作样本

阅读优秀的外语文学作品、新闻报道、学术论文等，注意其中的表达方式和句式结构，模仿其中的写作风格和语言特点，提升自己的写作能力。

（4）跟读练习

选择优秀的语音录音材料，如教材配套的语音录音或网络上的模仿练习，跟随录音进行口语模仿练习。注意模仿发音、语调、语速和语音连贯性，提高口语表达的准确性和流利度。

2. 沉浸式学习的重要性和方法

沉浸式学习是一种通过置身于语言环境中来提高语言能力的方法。外语教师可以通过以下方式进行沉浸式学习。

（1）参加语言交流活动

参加语言交流活动，如语言角、语言交换会、语言学习小组等，与其他学习者或母语人士进行对话交流。通过与他人的交流互动，外语教师能够提高自己的口语流利度、语法准确性和词汇运用能力。

（2）与母语人士交流

积极与母语人士进行交流，可以通过参加国际交流项目、志愿者活动、交换生项目等途径与母语人士接触。与母语人士的交流不仅可以提高语言能力，还能更好地了解和体验目标语言的文化。

（3）创造语言环境

在日常生活中创造语言学习的环境，例如，设定学习目标，在家中使用目标语言与家人交流，将电脑、手机等设备设置为目标语言，扩展自己接触目标语言的机会。

（4）实地体验目标语言国家

如果条件允许，外语教师可以选择到目标语言国家进行学习和旅行，通过身临其境的体验，加深对语言和文化的理解。

3. 模仿和沉浸式学习的优势和注意事项

（1）模仿和沉浸式学习的优势

a. 提高语音准确性

通过模仿母语人士的发音和语调，可以帮助外语教师纠正自己的语音错误，提高语音的准确性和自然流利度。

b. 培养语感和语言直觉

通过模仿和沉浸式学习，外语教师可以逐渐培养出对语言的敏感性和直觉，更加自然地运用语言，不仅能够正确表达意思，还能够传达出准确的语言语境。

c. 增加词汇量和语法掌握

通过模仿和沉浸式学习，外语教师能够接触到更多的语言材料和实际语境，从而扩大词汇量、提升语法，并将其应用到实际交流中。

（2）模仿和沉浸式学习的注意事项

a. 学习来源的选择

选择与自己学习目标和水平相适应的学习资源，确保所模仿和沉浸的语言材料是正确和可靠的。

b. 合理安排学习时间和频率

模仿和沉浸式学习需要持续的时间和频率，因此外语教师应合理安排学习时间，并坚持长期学习，以取得良好的效果。

c. 注意语言环境的多样性

尽可能接触不同类型、不同领域的语言材料和语言环境，避免过度依赖某一种类型或某一种来源的语言学习。

d. 结合其他学习方法

模仿和沉浸式学习是提高语言能力的一种方法，但并不是唯一的方法。外语教师应结合其他学习方法，如课堂学习、阅读、写作等，以全面提升自己的语言能力。

总之，模仿和沉浸式学习是外语教师提高语言能力的有效方法。通过模仿优秀的语言样本和置身于语言环境中，外语教师可以提高自己的语音准确性、语法掌握和词汇运用能力。然而，模仿和沉浸式学习需要持续的时间和频率，并与其他学习方法相结合，才能取得良好的效果。外语教师应灵活运用这些策略和方法，根据自身的学习需求和目标，不断提升自己的语言能力。

（二）反馈和修正

外语教师应寻求他人的反馈和建议，发现自己的语言不足并进行修正。可以向同行请教、寻求语言专家的指导，或者利用语言学习平台和社交媒体寻求语言交流的机会。及时纠正自己的发音、语法错误和语言习惯，不断提高语言的准确性和流利性。

1. 同行评议

外语教师可以与同事进行相互评议，共同探讨语言技能和表达方式。通过相互观摩教学，交流教学经验，互相给出反馈和建议，教师们可以相互促进，不断改进自己的语言能力。

2. 寻求专家指导

外语教师可以请教语言专家，向他们寻求专业的指导和建议。语言专家可以通过对教师的语言表达进行评估，并提供个性化的建议和训练，帮助教师纠正语音、语法和用词上的错误。

3. 利用语言学习平台和社交媒体

在互联网时代，外语教师可以利用各种语言学习平台和社交媒体寻求反馈和修正。可以加入语言学习社群，与其他学习者交流和讨论，分享自己的语言学习经验，接受他人的评价和建议。此外，通过在线学习平台，教师可以参加在线语言课程，接受专业的语言培训。

4. 反思和自我评估

外语教师应当定期反思自己的语言表达，并进行自我评估。可以录制自己的教学课程或口语表达，仔细听取回放，并对自己的表达进行分析和评估。通过自我评估，教师可以发现自己的不足之处，并设定目标进行修正和改进。

5. 频繁实践和使用

语言能力的提升需要频繁地实践和使用。外语教师可以寻找语言实践的机会，积极参与语言交流活动，与母语人士进行交流，不断运用所学的语言知识和技能。通过实践和使用，教师可以及时发现并纠正自己的语言错误，逐渐提高语言的准确性和流利性。

在进行反馈和修正时，外语教师应保持开放的心态，接受他人的意见和建议，不断完善自己的语言能力。同时，根据自身的学习目标和需要，有针对性地进行修正和改进，持续提升自己的语言表达能力。通过反馈和修正，外语教师可以不断改进自己的语言水平，为学生提供更好的语言教学服务。

（三）教学实践与应用

语言能力的提升需要与实际教学相结合。外语教师可以在教学过程中积极运用所学的语言知识，为学生提供丰富的语言输入和模仿训练。通过教学实践，教师能够不断巩固和提高自己的语言能力，同时培养学生的语言运用能力。

1. 提供语言输入

外语教师可以通过教材、多媒体资源、真实材料等方式，为学生提供丰富的语言输入。教师应用自己的语言能力，清晰地传递语音、语调和语法等信息，让学生有机会接触到标准、自然的语言表达。

2. 设计互动活动

通过设计各种互动活动，如角色扮演、小组讨论、对话练习等，外语教师可以鼓励学生运用所学语言进行实际交流。教师在活动中扮演着积极的角色，引导学生运用语言进行交流和表达，从而帮助学生提升语言的实际运用能力。

3. 模仿和表达训练

外语教师可以引导学生进行模仿和表达训练，通过模仿教师的语音、语调和表达方式，学生可以更好地掌握语言的准确性和流利性。同时，教师还可以为学生提供各种练习机会，如口语演讲、写作练习等，帮助学生提高语言表达能力。

4. 实践活动和项目

外语教师可以组织学生参与各种实践活动和项目，如学术研讨会、文化交流活动等。这些活动为学生提供了运用所学语言的场合，让他们在实际环境中应用语言，增强语言能力和自信心。

通过教学实践和应用，外语教师可以不断提升自己的语言能力，并将其运用于实际教学中。教师的语言能力的提升不仅有助于提高教学效果，还能够激发学生的学习兴趣和参与度，帮助他们更好地掌握外语。因此，外语教师应积极地将语言能力应用于教学实践中，并通过实践不断提升自己的语言教学水平。

（四）合作学习与同行交流

可以与其他外语教师进行合作学习和交流，分享教学经验和语言学习心得，互相鼓励和支持。还可以组织教师研讨会、语言俱乐部等活动，开展教学案例讨论和语言学习分享，共同提高语言能力和教学水平。

1. 合作学习和同行交流的重要性

（1）丰富教师的教学资源

合作学习和同行交流可以帮助教师获取丰富的教学资源，包括教案、教材、教学技巧等。通过与其他教师分享和交流，教师可以获得不同的教学观点和经验，拓宽自己的教学思路和方法。

（2）促进专业成长

合作学习和同行交流是外语教师专业成长的关键环节。与其他教师交流可以互相借鉴和启发，共同解决教学中遇到的问题，提高教学技能和策略，推动个人的专业发展。

（3）提供反馈和建议

合作学习和同行交流为教师提供了反馈和建议的机会。教师可以向其他教师请教，得到专业化的指导和建议，进一步完善自己的语言能力和教学方法。

2. 实施方法

（1）教师研讨会

教师研讨会是教师之间开展专业交流和学习的重要形式。教师可以选择一个特定的主题或教学问题进行讨论，分享自己的经验和观点，并从其他教师的分享中获得启发和建议。

（2）语言俱乐部

建立一个语言俱乐部，邀请外语教师和学生一起参与语言学习和交流活动。在俱乐部中，教师可以与学生一起进行语言实践和讨论，互相学习和借鉴。

（3）交流访问

教师可以与其他学校或教育机构的外语教师进行交流访问，观摩对方的教学实践，分享教学经验和教材资源。这种交流可以打破学校之间的壁垒，促进教师之间的相互了解和合作。

3. 合作学习和同行交流的效果

（1）提升语言能力

与其他教师的交流和合作可以帮助教师更好地理解和运用语言，提升自己的语言能力。通过与其他教师的互动，教师可以学习到各种不同的语言表达方式和习惯用法，丰富自己的语言知识和技能。

（2）拓宽教学视野

合作学习和同行交流可以帮助教师拓宽自己的教学视野，了解不同的教学方法和教学资源。与其他教师的交流可以让教师了解到不同学校和地区的教学实践，开阔自己的教育思路和教学策略。

（3）提高教学质量

通过合作学习和同行交流，教师可以从其他教师那里获得反馈和建议，进一步改进自己的教学方法和教学设计，提高教学质量。其他教师的经验和观点可以帮助教师发现自己在教学中可能存在的盲点和不足之处，并提供改进的方向和方法。

（4）促进教师个人发展

合作学习和同行交流可以促进教师个人的专业发展。通过与其他教师的交流和合作，教师可以不断学习和借鉴他人的优点和经验，进一步提升自己的教学技能和专业素养。

（5）建立支持系统

合作学习和同行交流可以建立起教师之间的支持系统，提供彼此的支持和鼓励。教师在面对教学困难和挑战时，可以寻求其他教师的帮助和意见，共同解决问题，减轻教师的工作压力，提升工作满意度和幸福感。

通过与其他教师的合作学习和交流，教师可以获取丰富的教学资源和经验，拓宽教学视野，提高教学质量，促进个人发展，并建立起支持系统。因此，外语教师应积极参与合作学习和同行交流的活动，不断提升自己的语言能力和教学水平。

外语教师语言能力的培养是一个长期而持续的过程。通过持续学习和自主学习、模仿和沉浸式学习、反馈和修正、教学实践与应用，以及与同行的合作学习和交流，外语教师可以不断提升自己的语言能力，为学生提供高质量的外语教育服务。

第二节　教育理论与方法的熟练应用

一、教育新常态下外语教师教育理论与方法的更新与应用

在教育新常态下，外语教师需要不断更新教育理论和方法，并将其应用于教学实践中，以满足学生的学习需求和应对教育领域的变革。

（一）理论更新的必要性

教育理论的更新是必要的，随着社会、科技和教育环境的不断变化，传统的教育理论可能无法完全适应新的教育需求。更新的教育理论可以提供更好的指导和框架，帮助外语教师更好地理解学习过程和学生的需求，从而设计更有效的教学方法和策略。

1. 教育理论的更新有助于更准确地理解学习过程

学习是一个复杂的过程，涉及认知、情感、社交等多个层面。新的教育理论可以提供更深入的认识和理解，帮助外语教师把握学生的学习需求、心理特点和发展规律，从而更有针对性地设计教学方案，提高教学效果。

2. 教育理论的更新可以指导外语教师在教学方法和策略上做出调整

新的教育理论通常会提出更科学、更先进的教学方法和策略，如探究式学习、合作学习、个性化教学等。这些方法和策略有助于激发学生的学习兴趣、提高学习动力，并培养学生的创新能力和批判思维。通过更新教育理论，外语教师能够更好地选择和运用适合的教学方法，提升教学效果。

3. 教育理论的更新可以促进外语教师的专业发展和创新

新的教育理论通常会引入前沿的教育研究成果和教育技术的应用，为外语教师提供了更广阔的专业发展空间。教育理论的更新可以激发外语教师的创新意识，鼓励他们在教学实践中探索新的教育方法和教学工具，提升教学质量和学生的学习体验。

通过更新教育理论，外语教师能够更准确地理解学习过程和学生的需求，选择更有效的教学方法和策略，并不断提升自己的专业水平和教学能力。这将有助于他们更好地应对教育新常态下的挑战，并为学生的学习和发展提供更优质的教育。因此，外语教师应积极关注教育理论的更新，不断学习和研究，将新理论与实践相结合，不断推动教育领域的发展与进步。

（二）更新教育理论的途径

外语教师可以通过多种途径获取最新的教育理论，例如，参加教育研讨会、学术会议和培训课程，阅读最新的教育研究和著作，参与教育项目和研究。通过这些途径，教师可以了解到最新的教育思潮、理论和研究成果，更新自己的教育理论基础。

1. 参加教育研讨会和学术会议

参加各种教育研讨会和学术会议是获取最新教育理论的重要途径。这些会议通常会邀请教育专家和学者分享他们的研究成果和观点，提供了一个与同行交流和学习的平台。通过参加这些会议，外语教师可以了解最新的研究动态，掌握前沿的教育理论。

2. 参与教育项目和研究

积极参与教育项目和研究是获取最新教育理论的另一种途径。教育项目通常会涉及前沿的教育理念和实践，参与其中可以让外语教师接触到新的教育理论和方法。同时，参与教育研究也可以让教师深入了解教育领域的最新研究成果，更新自己的教育理论基础。

3. 阅读教育研究和著作

阅读教育研究和著作是获取最新教育理论的重要途径。教育领域有许多重要的期刊和专业出版物，涵盖了各种教育理论和研究成果。外语教师可以定期阅读这些杂志和书籍，了解最新的教育理论和实践。此外，还可以关注在线教育平台和教育博客，订阅相关的教育资讯和博客文章。

4. 参与专业组织和网络社区

加入教育专业组织和网络社区可以为外语教师提供与同行交流和学习的机会。通过参与专业组织和社区活动，可以结识其他教师，分享教学经验和教育理论，共同探讨教育问题。这些组织和社区通常会组织讲座、研讨会和在线论坛等活动，提供教育理论的更新和分享平台。

5. 参加教育培训和在线学习

参加教育培训课程和在线学习平台是获取最新教育理论的一种方便灵活的方式。许多教育机构和在线平台提供各种教育培训课程，覆盖了不同的教育领域和专题。通过参加这些课程，外语教师可以系统地学习和更新教育理论知识。

通过以上途径，外语教师可以不断获取最新的教育理论和实践，将其运用到自己的教学中，提升教学效果和专业能力。重要的是，教师应该保持学习的态度和兴趣，不断追求进步和创新。

（三）应用新教育理论的挑战

应用新教育理论是一个挑战性的过程，它要求教师对传统的教学观念和方法进行调整和改变。教师需要深入理解新理论的核心概念和原则，并将其转化为实际的教学策略和活动。需要教师具备批判性思维和创新能力，能够将理论与实践相结合，为学生提供更有意义和有效的学习经验。

1. 理解和适应新理论

新教育理论通常会带来不同于传统观念的新思维方式和教学方法。教师需要投入时间和精力去理解和适应新理论，研读相关文献、参加培训课程，与同行进行交流和讨论，以便将其运用到实际教学中。

2. 调整教学观念和习惯

应用新教育理论需要教师调整其传统的教学观念和习惯。教师需要审视并反思自己的教学方式，放弃一些不再适用的教学模式，并乐于尝试新的教学方法和策略。

3. 克服教学资源和环境的限制

应用新教育理论需要教师克服教学资源和环境的限制。有些新理论需要特定的教学设备或技术支持，但这些资源并不总是可获得或可行的。教师需要灵活应对，根据自身条件和学生需求，做出适当的调整和创新。

4. 获得学生和家长的支持

应用新教育理论需要教师获得学生和家长的支持和理解。有时学生和家长更习惯于传统的教学方式，对新理论持怀疑态度。在这种情况下，教师需要与他们进行有效的沟通和解释，向他们展示新教育理论的价值和优势，使他们理解并接受教师的教学方式。

5. 持续地专业发展和学习

应用新教育理论要求教师进行持续地专业发展和学习。教育领域不断演变和进步，新的理论和方法不断涌现。教师需要保持学习的动力和兴趣，不断更新自己的教育知识和技能，以满足教育新常态下学生的需求。

（四）教育理论与方法的应用领域

教育理论和方法的更新与应用涉及多个领域，包括课程设计、教学设计、评估与反馈、教学技术和资源的应用等。外语教师可以运用新理论和方法来设计创新的课程，采用多样化的教学策略，设计有针对性的评估方式，并充分利用教育技术和资源来支持学生的学习。

1. 课程设计

新的教育理论和方法可以帮助外语教师设计创新的课程，使其更贴近学生的需求和实际应用。可以结合学科知识和学生特点，设计多样化的学习活动和任务，鼓励学生参与合作与探究，培养他们的批判性思维和问题解决能力。

2. 教学设计

外语教师可以运用新的教育理论和方法来设计教学活动和教学策略。例如，借鉴启发式教学、探究式学习和问题解决等方法，激发学生的兴趣和主动性，培养他们的自主学习能力。可以设计开放性的任务和项目，促进学生参与合作与交流，营造积极的学习氛围。

3. 评估与反馈

新的教育理论和方法强调学生的个体差异和发展需求。外语教师可以运用多样化的评估方式，包括自我评估、同伴评价和教师评价等，全面了解学生的学习情况和进展。通过及时、具体地反馈，帮助学生认清自己的学习优势和不足，并提供个性化的学习指导和改进建议。

4. 教学技术和资源的应用

教育技术的发展为外语教学提供了新的机遇和工具。外语教师可以运用教学技术和多媒体资源来支持教学，增加学习的趣味性和互动性。例如，利用在线学习平台、教学软件和虚拟实境等，创造丰富的学习环境和体验，促进学生在语言实际运用能力方面的培养。

5. 教学环境与学习氛围的打造

新的教育理论和方法注重营造积极的教学环境和学习氛围。外语教师可以运用小组合作学习、项目学习等方式，鼓励学生参与互动与合作，培养他们的团队合作能力和跨文化交际能力。同时，创设支持学生自主学习的氛围，提供丰富的学习资源和机会，激发学生的学习兴趣和动力。

教育理论和方法的更新与应用在课程设计、教学设计、评估与反馈、教学技术和资源的应用等多个领域具有重要意义，可以帮助外语教师创新教学，提升学生的学习效果和综合能力。通过运用新的教育理论和方法，能够更好地满足教育新常态下学生的学习需求，推动教育的发展与进步。

（五）持续的教育专业发展

教育理论和方法的更新与应用是一个持续的过程，外语教师需要不断追踪最新的教育动态和研究成果，参与专业发展活动，与同行交流和分享经验。持续地进行教育专业发展可以帮助教师不断更新自己的教育理论和方法，并将其应用于教学实践，以提高教学质量和满足学生的学习需求。

1. 参与教师培训和专业发展课程

外语教师可以参加各类教师培训和专业发展课程，包括研讨会、研修班、讲座等。这些课程提供了最新的教育理论和方法，可以帮助教师更新知识和技能，拓宽教学视野。

2. 学术研究和出版物阅读

外语教师可以积极阅读学术期刊、教育研究报告和专业出版物，了解最新的教育研究成果和理论发展。通过学术研究和阅读，能够深入了解教育领域的前沿知识和趋势，提升自己的学术素养和专业能力。

3. 参与教师团队和研究项目

外语教师可以主动参与教师团队和教育研究项目，与同行进行合作研究和交流。通过团队合作和研究项目，可以分享经验、互相学习，共同探索教育问题，并提供新的教学解决方案。

4. 教学反思和自我评估

外语教师可以定期进行教学反思和自我评估，审视自己的教学实践，分析教学效果和问题，并制订改进计划。通过反思和评估，可以不断提高自己的教学能力和教学质量。

5. 参加学术会议和研讨会

外语教师可以参加学术会议和研讨会，与国内外的教育专家和同行交流和分享教学经验。这些会议和研讨会提供了一个互动和创新的平台，可以从中获得启发，拓宽自己的视野，并将新的教育理念和方法应用于教学实践中。

6. 利用网络资源和社交媒体

外语教师可以利用网络资源和社交媒体来获取最新的教育信息和资源。可以加入教育专业的在线社区和讨论组，参与教育话题的讨论和分享。此外，还可以通过在线学习平台参加教育课程和研讨会，获得便捷的专业发展机会。

外语教师持续地进行教育专业发展包括参与培训课程、学术研究、教师团队和研究项目、教学反思、参加学术会议和利用网络资源等多种途径。这将有助于外语教师更新教育理论和方法，提升教学质量，并满足不断变化的学生需求。

通过更新和应用教育理论与方法，外语教师可以不断提升自己的教学水平，为学生提供更具质量和有效性的教育。同时，也能够更好地适应教育新常态下的挑战和变化，为教育事业的发展做出贡献。因此，外语教师应重视教育理论与方法的更新与应用，并将其融入自己的教学实践中。

二、外语教师教育理论与方法熟练运用的培养途径

（一）学习与研究

1. 参加专业培训

外语教师可以参加各类专业培训课程，包括教育学、语言学、教学法等方面的培训。这些培训课程提供了系统的教育理论和方法的学习，可以帮助教师深入了解教育的基本原理和教学的最新发展。

2. 学术研究

外语教师可以积极参与学术研究，包括撰写论文、参加学术会议、发表研究成果等。通过深入的学术研究，教师能够加深对教育理论和方法的理解，掌握最新的研究成果，并将其应用到自己的教学实践中。

3. 阅读教育文献

外语教师应保持对教育文献的阅读，包括阅读学术期刊、教育研究报告、教育专著等。通过广泛阅读，教师能够了解不同学者和研究者的观点和研究成果，拓宽自己的教育视野，加深对教育理论和方法的理解。

（二）实践与反思

1. 实践教学

外语教师需要积极参与教学实践，将学习的教育理论和方法运用到实际教学中。通过实际教学，教师能够更好地理解教育理论的应用，发现问题并改进教学方法。

2. 反思与讨论

外语教师应该经常进行教学反思和讨论，审视自己的教学实践，总结经验和教训。教师可以与同事、教学团队或专业组织进行反思和讨论，分享经验，从中获得不同的观点和建议，不断改进自己的教育理论与方法的运用。

（三）合作与交流

1. 合作教学

外语教师可以与同事进行合作教学，共同探索教育理论和方法的运用。通过合作教学，教师可以互相观摩、互相借鉴，分享教学经验，提升自己的教育理论与方法的熟练运用。

2. 学科团队与研究项目

外语教师可以积极参与学科团队和研究项目，与同行进行深入的合作与交流。通过团队合作和研究项目，教师能够不断更新自己的教育理论与方法，共同探索教育领域的新思路和实践。

（四）技术与资源支持

1. 利用教育技术

外语教师可以利用教育技术来支持教学和专业发展。通过教育技术，教师可以获取更多的教育资源，参与在线学习平台，与全球的教育专家和同行进行交流，了解最新的教育理论和方法。

2. 寻求专业支持

外语教师可以寻求专业组织和机构的支持，如教育研究中心、教师培训机构等。这些组织和机构提供专业的培训、研讨会、研究项目等，帮助教师深入学习和运用教育理论与方法，提供专业的指导和支持。

（五）反馈与评估

1. 接受同行评估

外语教师可以邀请同行对自己的教学进行评估，并接受他们的反馈和建议。同行评估可以帮助教师发现自己的优势和不足，从而有针对性地提升教育理论与方法的应用。

2. 学生评估和反馈

外语教师应重视学生的评估和反馈，了解学生对教学的感受和需求。通过学生的评估和反馈，教师可以了解教学效果和改进方向，进一步提升教育理论与方法的运用。

外语教师教育理论与方法的熟练运用需要通过学习与研究、实践与反思、合作与交流、技术与资源支持及反馈与评估等多个途径来培养。这些途径能够帮助教师不断更新自己的教育理论与方法，提高教学质量，满足学生的学习需求，并在教育领域保持持续的专业发展。

第三节　跨文化教育能力的培养

一、教育新常态下外语教师跨文化教育能力的需求

（一）跨文化教育视域下外语教师的角色定位

在传统的教学模式下，外语教师是文化知识的传授者，学生只是被动地接受知识，很

少有思考的空间和余地，大多数学生对于教师的教学全盘接受，缺乏思考，加上“填鸭式”教学模式的顽固存在，以及考试成绩压力下的应试教育模式，使得教师作为知识的传授者这一传统定位难以改变。在高考社会化这一趋势下，外语教学注定要走多元化的道路，势必要重新定位自身角色。

1. 教师是学生学习的引导者、跨文化教育课堂教学的设计者和组织者

在中国传统文化观念里，教师的地位不容挑战，对学生而言，教师是权威人物，这有助于学生和社会尊师重教，但也束缚了学生学习的主动性和自主性。现代教师的角色应从知识的传授者向学生学习的引导者转变，引导学生掌握学习方法和技巧。相比于自身的知识积累，现代教师必须掌握更先进的教学理念和技能。

外语教学以学生为中心（student-centered）的教学模式取代传统的以教师为中心（teacher-center）的“满堂灌”的讲授方式已成为必然，教师应以学生为主体，计划教学内容、策划教学活动、指导学生学习，并有序组织课堂活动。“外语教学对增强学生跨文化意识和跨文化交际能力有着巨大的潜力和优势，通过恰当的讨论主题、阅读篇章和任务设计，外语教学完全可以将语言教学和文化教学有机结合，既提高学习者的外语交际能力，又培养他们的跨文化交际能力。”在当今跨文化活动日益频繁的背景下，教师应有计划地开展文化教学活动，利用各种教学手段，让学生参与跨文化的对比和讨论，提高学生跨文化交际能力。例如，讲授圣诞节时，教师可以把学生分为若干组，一些小组利用空余时间搜集有关圣诞节的起源、食物、习俗等相关信息，同时，另外一些小组搜集有关春节的起源、食物、习俗等信息。然后，给予学生较为充分的时间进行课堂展示，教师只需维持课堂秩序，对学生的表现进行点评，并对一些重点知识进行梳理演练即可。对比之下，学生既了解了春节和圣诞节这两个典型的中西方节日，又能用目的语进行表达。这样，通过组织课堂，调动学生参与的积极性，教师也实现了教学目标。

2. 教师是学生跨文化意识的引路人

教师不仅要帮助学生形成良好的学习态度和学习动机，更应培养学生的跨文化意识。为了提高跨文化交际能力，除了传授外语知识，培养语言基本技能，教师更应该在课堂上渗透跨文化内容，以此培养学生的跨文化意识。学生在未来的职场中不一定会用英语表达文化内容，但即便在商务交往这种活动中，也应具备一定的跨文化意识。只有拥有高度的文化敏感性与文化意识，良好的跨文化适应及沟通能力，才能解决跨文化意识上所出现的冲突。因此，在课堂教学中，教师应重视跨文化内容的讲解，适时开展文化主题活动，培养学生的跨文化意识。

3. 教师是学生跨文化自主学习的引导者

现代教学正在逐渐摆脱“满堂灌”的教学模式，教师应多引导学生形成自主学习的良好习惯，向学生传授自主学习的策略，从而使课堂教学真正实现从“以教师为中心”到“以学生为中心”的转变，从“要我学”到“我要学”“我能学”的转变。教师可以利用任务型教学法和自主学习相结合，在布置学习任务时，适当给学生布置跨文化自主学习内

容，使学生能在学习目的语的同时学习文化，对目的语国家的文化、母语文化和多元文化能有所理解和掌握。当然，学生的这种自主学习并不是单纯为了学习文化而学习文化，而是在学习目的语的同时了解文化，使二者有机结合。为了检验学习效果，教师可以定期或不定期随机抽查学习情况，结合使用多种形式，使学生能在自主学习中，在语言输入的基础上，练习跨文化知识的语言输出技能。

4. 教师是包括跨文化知识在内的研究者

现代教师的角色正在由“教书匠”向研究者转变。教师只有不断为自己充电，才能适应角色转变。教师除了注重培养科研能力，还应构建全面的知识体系。外语教师的知识体系包括英语专业知识、教学理论知识、跨文化交际知识、语言学基本知识、与外语教学相关的学科知识，以及对周围世界和事物最一般、最基本的认知文化知识和本族语文化知识。教师应该博学多闻，才能把讲授知识和学生的学习联系起来，课堂教学才会更加生动自然。

（二）外语教师跨文化知识与意识

外语教师需要具备广泛的跨文化知识，包括对不同国家和地区的历史、地理、宗教、价值观等方面的了解。同时，培养学生的跨文化意识，引导他们理解和尊重不同文化的差异，避免刻板印象和偏见。

1. 跨文化知识的广度和深度

外语教师需要具备广泛的跨文化知识，包括对不同国家和地区的历史、地理、宗教、文化传统、社会习俗、价值观等方面的了解。应熟悉不同文化之间的相似性和差异性，并能够将这些知识融入教学中，以帮助学生更好地理解目标语言和文化。

2. 跨文化意识的培养

外语教师应培养学生的跨文化意识，使他们能够意识到不同文化之间的差异，并学会尊重和接纳这些差异。可以通过引导学生参与跨文化交流、组织文化体验活动、开展文化比较研究等方式培养学生的跨文化意识。同时，还应引导学生反思自己的文化偏见和刻板印象，以促进他们的文化包容性和全球视野。

3. 教师的示范和引导

外语教师应成为跨文化教育的示范者和引导者。教师应以身作则，展示对不同文化的尊重和理解，倡导学生之间互相学习和交流。可以通过课堂讨论、案例分析、文化展示等方式引导学生思考和探索跨文化问题，培养学生的跨文化思维能力和解决问题的能力。

4. 多样化的教学资源和活动

外语教师应积极利用多样化的教学资源和活动来促进跨文化教育。例如，引入来自不同文化的文学作品、音乐、电影等，组织学生参观展览、参与文化节庆活动、开展文化交流和合作项目等。通过这些教学资源和活动，学生可以深入了解和体验不同文化的特点和价值，拓宽自身视野和增强跨文化交流能力。

外语教师在教育新常态下需要具备广泛的跨文化知识和意识，以更好地引导学生理解和尊重不同文化的差异。他们应培养学生的跨文化意识，提供多样化的教学资源和活动，与其他学科教师合作，并持续关注跨文化教育的最新发展。通过这些努力，外语教师可以为学生的跨文化教育提供有效的支持和指导，培养具有全球视野和跨文化交流能力的全球公民。

（三）外语教师跨文化沟通与交际能力

外语教师应具备跨文化沟通和交际能力，能够在教学中创造多元化的交流环境，培养学生的跨文化交际能力。需要教授有效的跨文化交际策略，包括语言表达、非语言沟通和跨文化冲突解决等方面的技巧。

1. 跨文化教育意识和敏感性

外语教师需要具备跨文化教育意识和敏感性，意识到不同文化之间的差异，尊重和理解学生的文化背景。应了解文化差异对语言交际的影响，并能够适应和调整自己的教学方式，以促进学生跨文化交际能力的培养。

2. 有效的跨文化交际策略

外语教师需要教授学生有效的跨文化交际策略，包括语言表达、非语言沟通和跨文化冲突解决等方面的技巧。应帮助学生学习如何适应和解读不同文化的语言习惯、礼仪规范和沟通方式，以提高他们在跨文化环境中的交际能力。

3. 多样化的交际环境和实践机会

外语教师应创造多样化的交际环境和实践机会，以提供学生实践跨文化交际的机会。可以通过角色扮演、小组讨论、跨文化合作项目等教学活动，让学生在真实的语言和文化环境中进行交际实践，锻炼他们的跨文化交际能力。

4. 跨文化冲突解决能力

外语教师还应培养学生的跨文化冲突解决能力，帮助他们理解和应对在跨文化交际中可能出现的冲突和误解。可以引导学生学习有效的沟通和解决冲突的策略，培养他们的文化敏感性和尊重他人的能力。

5. 跨文化交际的评估和反馈

外语教师应通过评估和反馈，了解学生的跨文化交际能力的发展情况，并为他们提供个性化的指导和建议。可以通过观察学生在跨文化交际中的表现、听取他们的交际经验和困惑，并提供及时的反馈和指导，帮助他们不断提高跨文化交际能力。

外语教师在教育新常态下需要具备跨文化沟通与交际能力，以培养学生的跨文化交际能力。应具备跨文化教育意识和敏感性，教授有效的跨文化交际策略，并创造多样化的交际环境和实践机会。此外，还应培养学生的跨文化冲突解决能力，并通过评估和反馈提供个性化的指导。通过这些努力，外语教师可以为学生提供全面的跨文化交际教育，帮助他们成为具有跨文化交际能力的全球公民。

二、外语教师跨文化教育能力培养的策略和实践

外语教师的角色决定了其应注重自身的专业发展，利用多种路径，提升教学能力和自

身素养，努力从教书匠的角色向研究型教师、专家型教师转变。

（一）提升个人跨文化素质

教师应有终身教育的观念，提升自身业务水平。总的来说，许多外语教师对跨文化、多元文化和不同文化的反应仍然持消极回避的态度。教师理论上承认跨文化教育的必要性，但实际上采取的却是一种避而远之的态度。教师对于跨文化教育的回避是因为跨文化知识是一个宽泛的范畴，以至于教师本人也难以掌握信息量巨大的文化项目。在跨文化背景下，外语教师对于跨文化教育应有充分准确的认识，努力提升个人跨文化素质。因为，教师本人对于目的语文化、本民族文化及异国文化的了解和掌握对于教学本身具有极大的促进作用。外语教师专业发展的基本内容是“建立外语教育信念、知识与能力提高、职业道德和情感态度的培养、自我专业发展需要和意识的提高”。其中，跨文化素质的养成就属于自我专业发展和意识的提高。

1. 建立跨文化意识和敏感性

教师应该意识到不同文化之间的差异，并对其他文化抱有尊重和包容的态度。通过开放的心态和跨文化意识，教师可以更好地理解学生的文化背景和价值观，帮助他们建立跨文化的认知。

2. 学习目的语文化和本民族文化

教师应加深对目的语文化和本民族文化的了解和掌握。通过学习目的语国家的历史、地理、文学、艺术等方面的知识，教师可以更好地理解目的语社会和文化背景，为教学提供更丰富的内容和案例。同时，也应该深入了解自己所属文化的特点和价值观，以便更好地与学生进行跨文化对话和交流。

3. 学习其他文化

教师可以通过阅读相关文化书籍、参加跨文化培训课程、观看跨文化电影等方式学习其他文化。这有助于扩大教师的文化视野，了解不同文化的习俗、价值观和交际方式。还可以与他人交流和分享学习经验，提高对其他文化的理解和尊重。

4. 跨文化交流和合作

教师可以积极参与跨文化交流和合作项目，与其他文化背景的教师和学生进行互动和交流。这可以通过组织学生参加交流活动、参加国际教育项目、与海外教师建立联系等方式实现。通过与不同文化背景的人交流，教师可以了解其他文化的观念、价值观和教育实践，拓宽自己的跨文化视野。

5. 反思和调整教学方法

教师应不断反思和调整自己的教学方法，以适应多样化的学生群体和跨文化教育的需求。可以通过评估学生的学习成果、听取学生的反馈和观察学生的学习动态，了解不同文化背景下学生的学习特点和需求，从而优化教学设计和策略。

6. 跨文化教育专业发展

教师应关注跨文化教育的专业发展，参加相关的培训、研讨会和学术会议。有助于教师更新跨文化教育领域的知识和理论，了解最新的研究成果和教育实践，提升自己在跨文化教育方面的专业水平。

教师在提升个人跨文化素质方面需要建立跨文化意识和敏感性，学习目的语文化和本民族文化，学习其他文化，进行跨文化交流和合作，反思和调整教学方法，并关注跨文化教育的专业发展。通过这些努力，教师可以提升自己的跨文化教育能力，更好地满足学生的学习需求，培养具有全球视野和跨文化交际能力的学生。

（二）大力发展跨文化教育校本教研

校本教研是指为了改善学校教育教学质量，结合学校实际，利用学校本身的资源优势和特点进行的教育教学研究。

一方面，培养教师和促进教师专业发展是学校和政府的职责。学校要为教师的成长和发展提供更多机遇和更大的舞台，从在职培训和业务提升方面为教师创造条件。教师培训是“确保跨文化教育理念得以贯彻落实的重要保障”。但在现实中，课堂上进行文化教学的难处是教师“没有接受过文化教学培训，缺乏理论知识和教学方法指导”。当前，我国各类学校为外语教师提供的在职培训机会太少，关于跨文化教育主题的培训和研讨会也不受各级教育部门和各类学校所重视，这些因素使得外语教师无法获得跨文化教育校本教研方面的培训。因此，各级教育部门和各类学校应重视跨文化教育，创造提高外语教师跨文化素质和跨文化教学能力的条件。另外，教学系部和教研室可以多举行教研活动，讨论如何把文化教学融入到语言教学中，切实有效提高教学中文化内容的比重，尤其是研讨如何结合中国文化和英美文化进行对比教学，鼓励教师提升文化素养。

另一方面，校本教研强调，教师是教学研究的主体，教师应在教学实践中积极申报教育研究课题，教研相长。要加强校本教研，必须增强教师教学研究的意识和能力。教师不仅要十分注重提高自己的专业能力，还要注重发展自己的全面素质。整个教育创新的活力就在于使教师成为教学研究的主体。教师应积极实现专业自主发展，从被动接受培训转化为主动谋求动态发展。应对自己的职业发展有较为明确的规划，在稳步提高教学技能的同时，加强专业知识的学习，特别是对母语文化、异文化、跨文化方面的学习。

因此，教师应注重自身文化素养的提高，能熟练运用目的语表达目的文化、本土文化和目的文化以外的其他文化。唯有如此，教学才能显得自然流畅，师生课堂交流也才能顺畅进行。

（三）教师积极进行教学反思等行动研究

反思型教学是教师专业发展的有效途径，教师唯有通过反思，方能了解教学中的所得和所失，以便更好地总结经验、促进教学。王蔷认为：“反思是行动研究的核心过程，也是教师专业发展的必然过程。”教师在教学过程中应以专业知识和教学经验为基础，采用撰写教学日记、访谈、观测等手段发现、反思并解决问题。反思型教学使教师在“学会教学”的同时，也“学会学习”，有助于提高教师素质，促成其成为研究型教师，继而成为专家型教师。

教学反思方式有多种，学者主要归纳出四种：教学日记、录像和录音、课堂教学观摩、访谈等。

教学日记是最为简单却最直接的一种教学反思。教师通过回忆自己的课堂，把自己的感悟写在日记里，既有助于教学，也为教学研究奠定一定的基础。教师在做教学日记时，不能记流水账，而应围绕课堂教学重点和难点，总结自己在教学目标、教学方式和教学过程中对于重点和难点的把握程度。在以跨文化交际能力为目标的教学中，教学日记应把课堂中要实现的跨文化交际能力列入其中，作为教学反思的重要部分。教师应问自己：我要使学生了解哪些跨文化知识？我采用什么教学手段促进学生的跨文化交际能力？我应该如何改进今天的教学方法，使学生更自然地熟悉跨文化知识、提高跨文化技能？

教师可以通过观摩促进专业发展。听课、评课是传统的观摩方法，这些传统方法有助于促进教学，但随着社会的发展和科技的进步，还可以进行录像和录音监控教学。不少外语教师教学任务繁重，录像和录音可以弥补这一问题。教师可以观看自己或他人的教学录像，聆听自己或他人的教学录音，对教学进行反思；还可以采用集体反思的形式，互相观摩教学，之后一起进行研讨。通过观摩进行的教学反思同样不能局限于对语言教学的反思，还应该包括对文化教学的反思。教师务必将文化教学融入语言教学，始终把文化教学和语言教学结合起来，方能提高学生的跨文化交际能力，有效落实跨文化教育，同时也促进自身的专业发展。

（四）教师应提高现代化教学水平

随着时代的变迁，传统的教学形式和手段已经远远不能满足现代教学的需求，教师发展必然包括教师利用现代化教学方式这一方面。现代教师应该学会网络课程的建设，以及日益新潮实用的微课、慕课等授课方式。这些教学方式为学生进行自主学习提供了良好的环境和充足的资源，是外语教学发展的必然趋势。同时，它们也为跨文化外语教学提供了便利。教师可以把本土文化、目的地文化和跨文化知识放到网络课程上，方便学生自学。还可以把文化主题录成微课，学生可以在短短几分钟内观看视频，学习课堂的精华部分。

在跨文化活动日趋频繁的背景下，外语教师角色发生了变化，教师不再是单纯地传授知识、答疑解惑，还要提高学生的自学能力。教师是学生课堂学习的引导者、课外自主学习的倡导者和监督员，是教学活动的设计者和组织者，是学生跨文化意识的引路人，也是跨文化教育的研究者。鉴于教师角色的定位发生了改变，教师专业发展也应该与跨文化教育相联结，提高自身的跨文化交际能力，并把跨文化交际能力当作教学目标。通过提升个人跨文化素质，结合文化教学的校本教研、教学反思，学习先进的教育技术等手段，教师专业发展可以得到有效提升。

第四节　教育新常态下外语教师专业发展内涵

一、基于融合理念的教师认知

教育新常态下外语教师的专业发展内涵是一个广泛而丰富的领域，其中一个重要方面是基于融合理念的教师认知。融合理念强调教师的终身学习、专业成长和适应不断变化的教育环境的能力。

（一）教师的终身学习观

在教育新常态下，外语教师应秉持终身学习的态度，认识到学习是一个持续不断的过程，要不断更新自己的知识、技能和教育理念。

1. 主动寻求专业发展机会

外语教师应积极主动地寻求专业发展机会，包括参加教师培训、学术研讨会、教学观摩等。这些机会可以帮助教师了解最新的教育理论和研究成果，与同行进行交流与合作，拓宽自己的教育视野。

2. 探索和应用新的教学方法和技术

随着教育技术的快速发展，外语教师应积极探索和应用新的教学方法和技术，如在线教学工具、电子教材、互动式学习平台等。这些工具和技术可以为教师提供更丰富、灵活和互动性强的教学手段，提高学生的学习兴趣和参与度。

3. 鼓励教师间的合作学习和交流

应鼓励外语教师参与同行的合作学习和交流。通过与他人合作学习，教师可以分享经验、交流教学心得，并从中获得启发和帮助。同时，也可以了解不同教学环境和文化背景下的教学实践，进一步丰富自己的教学经验。

4. 不断探索和适应教育新趋势

教育领域在不断变化和发展，外语教师应持续关注教育新趋势，并及时调整自己的教学方法和策略。例如，随着全球化的推进，跨文化教育和国际化教育成为重要的发展方向，教师可以探索如何将这些趋势融入自己的教学中，培养学生的跨文化意识和国际视野。

总之，外语教师的终身学习观是基于融合理念的教师认知的重要组成部分。通过积极参与专业发展活动、探索新的教学方法和技术、与同行合作学习及适应教育新趋势，外语教师可以不断提升自己的专业素养和教学能力，为学生提供更优质的教育服务。

（二）教师的反思与自我评估

在教育新常态下外语教师专业发展的内涵之一是基于融合理念的教师认知。在这一认知框架下，教师的反思和自我评估是至关重要的组成部分。

1. 教师的反思是一种深入思考和审视自己教学实践的过程

通过反思，教师能够更全面地认识自己的教学方法、策略和效果。教师应该定期回顾自己的教学过程，思考课堂中学生的反应和学习效果。包括回顾课程设计、教学材料的选择、教学活动的安排和学生参与度等方面。通过反思，教师还可以发现自己的优点和不足，找到改进的方向。

2. 教师应善于收集学生的反馈和意见

学生的反馈是教师反思的重要信息来源。教师可以通过课堂讨论、写作任务、问卷调查等方式征求学生的意见和建议。这些反馈可以帮助教师了解学生的学习需求和反应，了解他们对教学方法和教材的评价。教师应当积极倾听学生的声音，并在可能的情况下进行适当的调整和改进。

3. 教师应定期进行自我评估

自我评估是教师对自身教学能力和专业发展的自我审视和评价。教师可以通过问自己一些关键问题来进行自我评估，例如，我在教学中取得了哪些成就？我遇到了哪些挑战和困难？我如何应对这些挑战？我的教学目标是否得到了实现？我需要改进或提高的地方有哪些？通过自我评估，教师可以更好地认识自己的教学实践，明确自己的发展方向。

为了有效实施反思和自我评估，教师可以采取以下几种方法：第一，写反思日志。教师可以在每堂课后或每周结束时写下对教学过程的反思和感悟。有助于教师记录教学中的亮点、困惑和改进点，并促使教师进行深入思考和总结。第二，寻求同行观察和评价。教师可以邀请同事或教育专家进行课堂观察，并提供专业的反馈和建议。这种方式可以帮助教师获得客观的教学评价，并从中发现自己的不足之处。第三，参与教师社区和研讨会。教师可以参加教师社区和研讨会，与其他教师进行交流和分享。这样教师可以借鉴他人的经验和教学策略，并从中获得启发和反思。第四，进行定期教学反馈和评估。教师可以定期进行课堂评估和学生评价。如此，教师可以了解学生对课堂教学的反应和评价，发现自己的教学优势和改进空间。

总之，教师的反思和自我评估是基于融合理念的教师认知的重要组成部分，对于外语教师的专业发展至关重要。通过反思和自我评估，教师能够不断提高自己的教学能力和教育素养，以便更好地满足学生的学习需求。

（三）多元化教学方法的应用

在教育新常态下，外语教师的专业发展内涵涉及基于融合理念的教师认知。其中，多元化教学方法的应用是重要的方面之一。教师需要具备灵活运用多种教学方法的能力，以满足学生的不同需求并促进其全面发展。

1. 学生中心的教学方法

教师应采用学生中心的教学方法，将学生置于学习的核心地位。这种方法强调学生的主动参与和自主学习，教师充当引导者和促进者的角色。例如，合作学习、项目学习和问题解决等方法可以培养学生的合作能力、批判思维和创新能力。

2. 情境化的教学方法

教师可以通过创造具体的情境帮助学生理解和运用所学的语言知识。通过情境化教学，学生能够将语言知识应用到实际生活中，提高语言的交际能力。还可以使用角色扮演、情景模拟和实地考察等方法创造语言学习的真实情境。

3. 多媒体和技术支持的教学方法

随着技术的发展，教师可以运用多媒体工具和教育技术增强教学效果。通过使用音频、视频、互动软件等多媒体资源，教师能够丰富教学内容，增加学生的学习动力和参与度。此外，教师还可以利用在线教学平台和虚拟学习环境，为学生提供在线学习资源和交流平台。

4. 个性化教学方法

教师应根据学生的个体差异和学习风格，灵活调整教学方法，提供个性化的学习支持。通过分组活动、个别指导和差异化教学等方式，教师可以满足学生的不同学习需求，促进每个学生的个人成长。

在应用多元化教学方法的过程中，教师需要注意以下几点：

1. 知识更新和专业发展

教师应不断更新自己的教育理论和教学方法，参加相关培训和学术研讨会，与同行进行交流和分享经验。这样可以保持教师在教学方法上的敏感性和创新性。

2. 教学设计的灵活性

教师需要根据不同的教学目标和学生的学习需求，灵活设计教学活动和任务。可以根据学生的兴趣和背景，选择适合的教材和资源，提供丰富多样的学习体验。

3. 及时的反馈和评估

教师应及时给予学生具体的反馈和评估，帮助他们认识自己的学习优势和不足。通过定期的评估和反馈，教师可以调整和改进教学策略，确保提高学生的学习效果。

通过应用多元化教学方法，外语教师可以更好地满足学生的学习需求，激发他们的学习兴趣和积极性，提高学习效果和教学质量。此外，也能够培养学生的综合能力，提高他们在跨文化交际和全球化环境下的适应能力。通过灵活运用不同的教学方法，教师能够创造积极的学习氛围，激发学生的学习动力和兴趣，促进他们的全面发展。可以帮助学生更好地理解和掌握外语知识，提高语言表达能力和跨文化交际能力，培养学生的创新思维和批判性思维能力。

基于融合理念的教师认知涵盖教师的终身学习观、反思与自我评估以及多元化教学方法的应用。外语教师在教育新常态下，需要不断提升自己的专业素养和能力，以适应不断变化的教育环境和学生需求。通过培养基于融合理念的教师认知，能够更好地应对教学挑战，提供更优质的教育服务。

二、教师跨学科或超学科知识

在教育新常态下，外语教师的专业发展内涵涉及跨学科或超学科知识的掌握。除了对外语教学专业知识的熟悉，教师还需要了解其他相关学科的知识，以拓宽自己的教学视野、提升教学质量，并满足学生的多元学习需求。

（一）语言学知识

作为外语教师，深入理解语言学知识是至关重要的。教师应该掌握语音学、语法学、语义学等基本概念，并能将这些知识应用到语言教学中。了解不同语言之间的差异和共性，能够更好地解释语言现象，指导学生学习。

（二）跨文化学知识

外语教师需要具备跨文化学知识，了解不同文化之间的差异和联系。包括对历史、宗教、价值观、社会习俗等方面的了解。跨文化学知识可以帮助教师更好地理解学生的文化背景，有助于教师更准确地传达文化内涵，提高学生的跨文化交际能力。

（三）教育心理学知识

教师需要了解基本的教育心理学知识，以更好地了解学生的认知、情感和社会发展。了解学生的心理特点和学习方式，可以帮助教师制定适合学生的教学策略和方法，提高教学效果。

（四）教育技术知识

在数字化时代，教育技术已经成为教学的重要组成部分。外语教师应了解教育技术的基本原理和应用方法，熟悉教育软件和在线学习平台的使用，能够将教育技术融入课堂教学中，提供更丰富的学习资源和多样化的学习体验。

（五）跨学科研究

教师可以积极参与跨学科研究，将外语教学与其他学科进行结合。例如，将外语教学与文学、历史、经济学等学科进行融合，探索多学科融合的教学模式和方法。这样的跨学科研究可以为教师提供新的教学思路和创新点，丰富教学内容，激发学生的学习兴趣。

通过掌握跨学科或超学科知识，外语教师可以拓宽自己的视野，提高教学质量，满足学生的多元学习需求。这种综合性的知识能够帮助教师更全面地理解学生和扩充教学内容，提供更丰富的教学资源和方法，促进学生的全面发展和成长。同时，教师树立终身学习观念和参与跨学科研究也能够推动外语教育领域的发展和创新。

三、核心价值观融入课程的教学能力

在教育新常态下，外语教师的专业发展内涵涉及将核心价值观融入课程的教学能力。外语教师不仅需要传授语言知识和技能，还需要培养学生的核心价值观，以帮助他们成为有社会责任感、全面发展的个体。

（一）理解核心价值观

外语教师需要深入理解和掌握社会主义核心价值观及当地的核心价值观。应该了解这些价值观的内涵、表达方式和社会意义。如此，才能将其融入课程中。

1. 外语教师需要深入研究社会主义核心价值观的内涵

社会主义核心价值观是我国社会主义事业发展的根本价值体系，它包含了社会主义核心价值观的 13 个方面，如富强、民主、文明、和谐等。外语教师应对每个核心价值观进行深入解读，理解其所代表的价值取向和指导意义。通过对核心价值观的深入研究，能够准确把握其内涵和要义，为学生传递正确的价值观念提供坚实的理论支持。

2. 外语教师需要了解当地的核心价值观

不同地区、不同文化背景下的核心价值观可能存在差异，因此，教师需要针对所在地的特点，深入了解当地的核心价值观。这包括了解当地的文化传统、社会习俗、价值观念等方面的内容。通过与当地文化和社会的融合，教师可以更好地理解当地核心价值观的内涵和表达方式，有针对性地将其融入教学中，使学生能够更好地理解和接受当地的核心价值观。

3. 外语教师需要掌握将核心价值观融入课程的方法和技巧

包括教师在教学设计中的选择、教学活动的设计和组织、教学材料的选择和编制等方面。教师可以通过设置与核心价值观相关的话题、故事、案例等教学内容，引发学生对核心价值观的思考和讨论。同时，教师还可以通过教学活动和互动的方式，让学生参与核心价值观的实践，例如，组织社会实践活动、模拟情境演练等。通过多样化的教学手段和方法，教师能够激发学生的兴趣和参与度，更好地引导他们理解和接受核心价值观。

4. 外语教师需要灵活运用评价和反馈的方法，对学生的核心价值观培养进行有效的跟踪和评估

教师可以通过课堂讨论、作业、项目展示等方式，评价学生对核心价值观的理解和应用情况。同时，还可以通过定期的个体和群体反思，自我评估自己在核心价值观融入课程方面的效果，不断改进教学方法和策略。

总之，外语教师在教育新常态下的专业发展内涵之一是深入理解和掌握社会主义核心价值观及当地的核心价值观。如此，教师才能够准确把握其内涵和要义，并为学生传递正确的价值观念提供坚实的基础。

（二）课程设计与核心价值观的融合

外语教师应通过课程设计，将核心价值观有机地融入教学活动中。可以在教学目标、教材选择、课堂活动和评估方法等方面体现核心价值观的要求。例如，在教学材料中选择与核心价值观相关的话题，组织讨论和辩论，鼓励学生思考和表达核心价值观。

1. 教师应在课程设计中明确核心价值观的融入目标

教师需要明确课程设计的目标和意义，确定要传递的核心价值观内容。这涉及对核心价值观的深入理解和把握，以及对学生发展需求的分析和评估。教师可以根据学科特点和

学生的学习阶段，确定适合融入核心价值观的教学内容和形式。

2. 教师应选择与核心价值观相关的教材和资源

教师可以选择与核心价值观相一致或有关联的教材和文本，包括课本、课外阅读材料、音频视频资源等。通过选择适合的教材，教师可以在教学中引入相关的话题、案例和文化背景，促使学生对核心价值观进行思考和讨论。

3. 教师应设计多样化的教学活动来促进核心价值观的理解和应用

教师可以设计小组讨论、角色扮演、情景模拟、案例分析等多种教学活动，让学生参与对核心价值观的实践。通过实际操作和互动交流，学生能够更深入地理解核心价值观的内涵和意义，并在实践中培养相应的价值观念和行为准则。

4. 教师应关注评估方法的设计，以评估学生对核心价值观的理解和应用情况

教师可以设计相应的评估任务和评价标准，例如，写作、口语演讲、团队项目等形式的评估，来考查学生对核心价值观的理解和表达能力。评估结果可以帮助教师了解学生在核心价值观方面的学习情况，并根据评估结果调整和改进教学策略。

5. 教师应不断反思和改进课程设计，不断提升融入核心价值观的教学能力

教师可以通过与同行交流、参加教研活动、参观其他教师的课堂等方式，获取反馈和借鉴他人的经验，不断完善和改进自己的课程设计。同时，教师也应关注学生的反馈和意见，根据学生的需求和反应，调整和优化课程设计，使其更加符合学生的学习需求和核心价值观的传递目标。

通过明确目标、选择教材、设计教学活动和评估方法，并不断反思和改进，使外语教师能够有效地将核心价值观融入教学中，帮助学生理解和接受核心价值观，培养正确的价值观念和道德观。这对于学生的全面发展和社会责任感的培养具有重要意义。

（三）教师的示范和引导

外语教师作为榜样和引导者，应通过自身言行和行为示范，传递核心价值观给学生。应注重语言教学中的道德、伦理教育，引导学生树立正确的价值观，培养正直、勤劳、友善等优良品质。

1. 课堂教学中的道德教育

教师应将道德教育融入语言教学中，通过教学案例、故事分享等方式，引导学生了解和尊重他人的权益和感受。应鼓励学生在学习和交流中遵守诚信原则，尊重他人的观点，培养诚实、正直和公正的品质。

2. 培养学生的合作意识和团队精神

教师可以通过合作学习和团队活动培养学生的合作意识和团队精神。应鼓励学生相互协作、倾听他人的意见、尊重他人的贡献，并在团队合作中培养互助、包容和友善的价值观。

3. 关注学生的情感发展

教师应关注学生的情感需求，鼓励他们表达情感，建立良好的情感关系。可以倾听学

生的困扰和问题，给予关怀和支持，帮助他们树立积极的情感态度，培养同理心和友善的品质。

4. 引导学生积极参与社会实践活动

教师可以组织学生参与社区服务、公益活动等社会实践活动，引导学生了解社会问题，关心他人的需求，培养社会责任感和公民意识。应引导学生认识到自己的行动和决策对他人和社会的影响，培养他们积极关注社会公益和社会正义的意识。

5. 培养学生的自我管理能力

教师应引导学生培养自我管理和自律的能力。通过课堂规则的制定和执行，教师可以帮助学生建立良好的学习习惯和行为规范。还可以鼓励学生制定个人目标，帮助他们养成自我约束和自我激励的能力，培养勤奋、坚韧和自律的品质。

通过以上的示范和引导，外语教师可以在日常教学中传递核心价值观，帮助学生树立正确的价值观念和道德观。教师的言行和行为示范对学生的价值观养成具有重要影响力，因此，教师应时刻保持教育专业的道德操守，树立良好的榜样形象，并通过积极的引导和互动，培养学生树立正确的人生观、价值观和世界观。

（四）课堂讨论与启发

外语教师可以组织课堂讨论和启发式活动，引导学生思考与核心价值观相关的问题。通过鼓励学生发表观点、倾听不同意见和进行辩论，培养学生的思辨能力和价值判断能力。

1. 设计有针对性的问题

教师可以在课堂中提出与核心价值观相关的问题，引发学生的思考和讨论。问题应具有启发性，能够激发学生的兴趣和思辨能力。教师可以引导学生探讨和权衡不同观点之间的冲突，培养他们的价值判断能力。

2. 宽松的讨论氛围

教师应营造一个宽松和相互尊重的课堂氛围，鼓励学生自由表达观点，尊重不同意见和观点的存在。教师可以采用开放性的问题，引导学生从不同的角度思考问题，并鼓励他们提出自己的见解。

3. 学生进行小组讨论

教师可以将学生分成小组，让他们在小组内展开讨论和辩论。小组讨论能够激发学生的合作精神和团队合作能力，让他们分享和交流自己的观点，并学会倾听和尊重他人的意见。

4. 支持性材料和案例

教师可以提供相关的支持性材料和案例，帮助学生更深入地理解和思考核心价值观。这些材料可以是文章、新闻报道、视频片段等，能够引发学生的情感共鸣和思考。

5. 学生自主思考和总结

教师应鼓励学生独立思考和总结讨论的结果。在讨论结束后，教师可以引导学生对讨论内容进行反思和总结，帮助他们从中获得深刻的学习体验和领悟。

通过课堂讨论和启发式活动，外语教师能够引导学生思考核心价值观，并培养他们的思辨能力、价值判断能力和沟通能力。这些活动可以使学生更加深入地理解和认识核心价值观，形成独立思考和价值判断的能力，并将其应用于日常生活和学习中。

（五）跨文化视野与核心价值观的对话

外语教师应引导学生拓宽跨文化视野，理解不同文化背景下的核心价值观，并与自己的核心价值观进行对话和比较。通过比较和交流，学生可以增进对不同文化价值观的尊重和理解。

1. 提供跨文化素材

教师可以提供丰富多样的跨文化素材，如文学作品、电影、新闻报道等，涉及不同国家和地区的核心价值观。通过分析和讨论这些素材，学生可以深入了解不同文化背景下的核心价值观，并与自己的价值观进行对话和比较。

2. 引导学生思考

教师可以引导学生思考不同文化背景下的核心价值观对个人、社会和文化的影响。通过提出开放性的问题和情景，教师可以激发学生的思考和讨论，让他们自主探索不同文化中的核心价值观，并与自己的经验和认知进行对话。

3. 尊重和包容的氛围

教师应营造一个尊重和包容的学习氛围，鼓励学生分享自己的观点和体验。教师应引导学生尊重他人的文化背景和核心价值观，同时也鼓励他们对自己的文化背景进行批判性思考和反思。

4. 跨文化对话和合作

教师可以组织跨文化对话和合作活动，让学生与来自不同文化背景的同学进行交流和合作。通过这样的活动，学生可以直接接触和理解不同文化中的核心价值观，增进对他人的尊重和理解，并从中获得新的视角和观点。

5. 反思和总结

教师可以引导学生反思跨文化对话的过程和经验，总结所获得的收获和启示。通过反思和总结，学生可以深化对自己和他人核心价值观的认识，并发展出更加开放和包容的跨文化视野。

通过引导学生拓展跨文化视野并进行核心价值观的对话，外语教师可以促进学生的跨文化理解和尊重能力。学生能够更好地理解不同文化中的核心价值观，增进其对其他文化的尊重和理解，并在跨文化交流中更加敏感和适应。这样的教学方法有助于培养学生的全球意识和全球公民素质，使他们成为具有跨文化视野的全面发展的个体。

（六）核心价值观评估与反思

外语教师可以通过评估和反思的方式，了解学生对核心价值观的理解和应用情况。他们可以设计课堂活动、作业和项目，评估学生对核心价值观的掌握程度，并及时给予反馈和指导。

1. 观察与记录

教师可以通过观察学生在课堂活动中的言行举止、参与程度和合作态度等来评估学生对核心价值观的理解和应用情况。教师可以记录学生的表现，并结合自己的观察进行评估。

2. 问卷调查

教师可以设计问卷调查，让学生自评或互评他们对核心价值观的理解和应用情况。问卷可以包括与核心价值观相关的问题和情景，学生可以通过选择、填空或解答等方式表达自己的意见和观点。

3. 作业和项目评估

教师可以设计作业和项目，要求学生在其中展现对核心价值观的理解和应用。作业可以包括写作、演讲、角色扮演等形式，让学生通过实际操作展示他们对核心价值观的理解和应用能力。

4. 口头表达和讨论

教师可以组织学生进行小组或全班讨论，鼓励他们表达对核心价值观的理解和看法。通过讨论，教师可以观察学生的言谈举止、逻辑思维和批判性思维能力，并据此进行评估。

5. 反思和个案分析

教师可以要求学生进行反思活动，思考自己在日常生活和学习中如何体现核心价值观。学生可以写下自己的感悟和思考，教师根据学生的反思进行评估，并提供反馈和指导。

评估与反思应该是一个持续的过程，教师可以定期进行评估并及时给予学生反馈。通过评估和反思，教师可以了解学生在核心价值观方面的成长和不足，并为他们提供针对性的指导和支持。同时，教师自身也应进行反思和评估，审视自己在核心价值观方面的表现和指导方法，并不断改进和提升自己的教学实践。通过评估与反思，教师和学生共同促进核心价值观在教学过程中的融入与发展。

（七）建立与家长的合作关系

外语教师应与家长建立紧密的合作关系，共同关注学生的核心价值观培养。教师可以与家长沟通核心价值观的重要性，并邀请家长参与学校的活动，共同培养学生的良好价值观。

1. 沟通与交流

教师应与家长建立良好的沟通渠道，及时分享学生在核心价值观方面的表现和进展。可以通过家长会议、个别会面、电子邮件等方式与家长交流，让家长了解学校的教学目标和核心价值观的重要性。

2. 家长参与

教师可以邀请家长参与学校的活动，如主题讲座、座谈会、文化节等，与他们一起讨论和探讨有关核心价值观的话题。通过与家长的互动，教师可以了解家庭环境对学生价值观的影响，并与家长共同努力培养学生的良好价值观。

3. 家校合作项目

教师可以与家长合作开展一些项目，如家庭作业、社区服务活动、核心价值观教育讨论小组等。通过共同参与项目，家长和教师可以更深入地了解学生在核心价值观方面的表现和成长，互相交流和支持。

4. 家长培训和资源分享

教师可以为家长提供一些有关核心价值观培养的培训课程或资源，帮助他们更好地理解和支持学校的教育目标。还可以与家长分享有关核心价值观教育的书籍、文章和网站链接，为他们提供更多的参考资料。

5. 反馈与建议

教师应及时向家长提供学生在核心价值观方面的反馈，包括学习表现、行为习惯和社交能力等方面。同时，也应听取家长的意见和建议，了解他们对学校核心价值观教育的期望和需求，并根据实际情况进行调整和改进。

通过与家长的合作，教师可以更全面地了解学生在家庭环境中的情况和需求，与家长共同促进学生核心价值观的培养。教师和家长的紧密合作不仅有助于学生的综合发展，也为学校和家庭共同营造了一个积极的教育环境。

第五章　教育新常态下外语教师的终身学习与自我提升

第一节　学习型教师的概念与特点

对教师自身来说，成为学习型教师是实现自身发展和提升的需要。要实现从“事务型”“业务型”到“研究型”“专家型”的转变，成为一个学习型教师，教师要从以下几个维度提升自己。

一、从被动学习到主动学习

在教育新常态下，外语教师的终身学习与自我提升变得尤为重要。学习型教师的概念与特点涵盖了教师的主动学习能力，其中从被动学习到主动学习是关键的转变。被动学习表现为教师对于外部教育培训的应对方式较为被动，对外部环境的依赖性较高，自身学习的主动性不强。这种被动学习的情况往往使教师参加培训仅仅是为了完成任务或满足要求，缺乏主动追求知识和自我发展的意识。

然而，对于教师来说，主动学习是非常重要的。主动学习意味着教师能够积极主动地参与学习，主动寻求新的知识和技能，不仅是因为外部要求，还是基于内在的学习动力和自我发展的愿望。教师要成为主动学习者，需要在以下几个方面加以改变和培养。

（一）自我意识和自我激励

教师需要意识到自己的学习需求和发展目标，并对自己的专业发展产生强烈的内在动力。这种自我意识和自我激励可以促使教师主动寻求学习机会，并坚持不懈地追求知识和技能的提升。

（二）学习动力和目标导向

教师应该明确自己学习的动力和目标，明确学习对于个人和教育事业的重要性。通过设定明确的学习目标，可以更好地规划学习路径和时间，并持续努力实现这些目标。

（三）主动寻求学习机会

教师需要主动寻求学习机会，包括参加专业培训、学术研讨会、教学观摩等。可以通过关注教育领域的最新动态和研究成果，寻找适合自己发展的学习机会，并积极参与其中。

（四）自主学习和深度思考

教师应培养自主学习的能力，通过阅读、研究和思考，深入探索教育领域的知识和理论。应不断扩展自己的学习领域，涉猎更广泛的知识和观点，以拓宽自己的思维和视野。

（五）反思和应用学习成果

教师需要通过反思自己的学习和实践经验，将学到的知识和技能应用于教学实践中。可以通过教学反思、教学案例分析等方式，总结经验教训，并将其转化为教学改进的行动。

从被动学习到主动学习的转变对于教师的终身学习和自我提升至关重要。主动学习的教师更能够适应教育领域的变化和新的需求，不断更新自己的知识和教学方法，提高教学质量和效果。通过培养主动学习意识和习惯，教师能够成为持续学习的学习者，为学生的成长和发展提供更好的教育服务。

二、从盲目学习到有目标地学习

在教育新常态下，外语教师的终身学习与自我提升是非常重要的，而学习型教师的概念与特点能够帮助教师更好地实现这一目标。其中，从盲目学习到有目标地学习是关键的转变。盲目学习表现为教师在学习过程中缺乏明确的目标和规划，缺乏组织性、规划性和系统性，学习活动缺乏确定性，缺乏对自身专业学习的清晰认识和计划。

对于教师来说，有目标地学习是至关重要的。教师需要设定明确的学习目标，并制订相应的学习计划和行动步骤。这些学习目标包括学习先进的教育理念、掌握科学的教育教学理论、提升专业能力、构建合理的知识结构等。明确的学习目标能够指导教师在学习过程中有所侧重，避免盲目、随意地进行学习活动。

在设定学习目标的同时，教师还需要明确学习对象。学习对象可以包括名师、同事、学生等。通过向这些学习对象学习，教师可以借鉴他们的经验和智慧，拓宽自己的视野，获得新的学习灵感和思路。与优秀的学习对象进行交流和互动，能够激发教师的学习热情，促进自身的成长与提升。

为了实现有目标地学习，教师还需要制订阶段性的学习计划和实施方案。阶段性的计划可以帮助教师分解长期目标，将学习过程划分为一系列具体的步骤和阶段，提供了明确的方向和行动指南。通过有计划的学习，教师可以有序地推进自己的专业发展，确保学习活动的连贯性和有效性。

除了设定明确的学习目标和制订计划，教师还需要培养一系列的学习能力和学习策略。包括主动获取学习资源和信息的能力，灵活运用各种学习方法和技巧的能力，积极参与学习活动和交流的能力，以及反思和总结的能力等。通过不断培养和提升这些学习能力，教师可以更加高效地进行学习，加快自身的成长和发展。

从盲目学习到有目标地学习的转变对于教师的终身学习和自我提升至关重要。有目标地学习能够帮助教师更好地规划和组织自己的学习活动，提高学习的效果和质量。通过设定明确的学习目标、明确学习对象、制订阶段性的学习计划和培养学习能力，教师可以成为持续学习的学习者，不断提升自己的专业能力和教育素养，为学生的成长和发展提供更好的教育服务。

三、从个体学习到协作学习

在教育新常态下，外语教师的终身学习与自我提升是至关重要的，而学习型教师的概念与特点中，从个体学习到协作学习的转变具有重要意义。教师不仅要注重个体学习，还应强调协作学习，培养合作与沟通能力，积极构建学习共同体，实现教师个人和团队的发展。

个体学习是教师作为学习者所进行的个人学习活动。每个教师都有自己独特的学习需求和学习风格，需要根据个人兴趣和专业发展目标进行学习。个体学习强调教师对自身学习的主动性和责任感，需要教师具备自主学习的能力和习惯，善于制订学习计划、寻找学习资源、反思和总结学习成果。

然而，个体学习并不意味着孤立地进行学习。在教育领域，合作与协作是非常重要的，因为教师不仅是学习者，更是教育工作者。协作学习强调教师与他人之间的互动和合作，通过共同思考、讨论、分享和解决问题，促进彼此的学习和成长。教师需要具备合作与沟通的能力，善于与学生、家长和同事进行合作学习，共同探索、创新和解决教育问题。

协作学习不仅限于与学生和同事的合作，也包括与家长的合作。家校合作是教育中不可或缺的一部分，教师与家长之间的紧密合作对于学生的全面发展至关重要。教师可以与家长共同制订学生的学习目标和计划，通过定期进行沟通和反馈，了解学生的学习情况和需求，并与家长共同协作解决学生的学习问题。

建立学习共同体是实现协作学习的关键。学习共同体是一个互相支持、互相学习的社群，成员之间通过对话、交流、分享和互助，共同追求学习的目标。教师可以通过参与学科团队、专业研讨会、教研活动等方式，与同行进行学习交流和合作，相互启发和促进，提高教学水平和教育质量。此外，教师还可以通过在线学习社区、教育平台等渠道，与更广泛的教育界人士分享和交流经验，拓宽自己的学习视野。

为了实现从个体学习到协作学习的转变，教师需要具备一系列的能力和品质。首先，教师需要具备团结和合作的意识，愿意与他人分享和合作，建立良好的师生关系和同事关系。其次，教师需要具备良好的沟通和协调能力，善于与他人进行有效的沟通和合作，协调各方的需求和利益。此外，教师还需要具备开放的心态和谦虚学习的态度，愿意倾听他人的意见和建议，积极吸收他人的经验和智慧。

从个体学习到协作学习的转变不仅有助于教师个人的成长和发展，也能够促进教育质量的提升。教师通过个体学习可以提升自身的专业能力和知识水平，通过协作学习可以与他人分享和交流，汲取更广泛的经验和观点，共同解决教育实践中的问题，进一步提升教学水平和教育质量。因此，教师应重视协作学习的重要性，积极与他人合作，建立良好的学习共同体，共同追求教育事业的发展和进步。

四、从浅层学习到深度学习

在教育新常态下，外语教师的终身学习与自我提升是不可或缺的，而学习型教师的概念与特点中，从浅层学习到深度学习的转变具有重要意义。在浅层学习状态下，教师的学习动机和兴趣相对不足，学习方式单一、机械，对学习内容的深层加工和批判性思维不足，无法将学习知识与实践有效结合。然而，在新课标的实施背景下，深度学习成为培养学生核心素养的重要途径，促使教师走向深度学习的状态。教师的深度学习不仅是教师专业发展的内在动力，也对学生的思想品格和学习能力的培养起着重要的助力作用。

要实现从浅层学习到深度学习的转变，教师需要采取一系列的措施和具备相应的特点。

首先，教师需要改变学习方式，全身心地投入学习。教师要拥有积极的学习态度和动机，认识到学习对于自身专业发展的重要性，并投入到学习中。教师应积极参与各类教育培训和学术研讨会，主动寻找学习机会，不断充实自己的知识和技能，提升专业水平。

其次，教师要重视学习过程，深入研究学习内容。深度学习要求教师在学习过程中进行深入思考和探索，将学习的知识与实际教学相结合，实现理论与实践的有机融合。教师可以通过反思和总结自己的教学经验，思考如何将学习到的知识应用到实际教学中，促进学生学习效果和教学质量的提高。

再次，教师要重视深度学习的内容，将学习内容与当今时代对教师的要求联系起来。教师需要不断更新自己的教育理念和教学方法，了解教育改革和发展的最新动态，关注当今社会的需求和趋势，调整自己的教学目标和内容，使之符合时代要求和学生需求。

最后，教师要提高深度学习的效果，实现教师个人全面发展。深度学习不仅仅是知识的增长，更包括师生的学习能力和思维水平的提升，品行发展，以及正确的人生观、世界观、价值观的树立。教师应通过自我反思和自我评估，不断完善自己的教学方法和教学理念，提高自身的专业素养和教学水平。

总之，从浅层学习到深度学习的转变对于外语教师的终身学习与自我提升至关重要。教师需要改变学习方式，重视学习过程，关注深度学习的内容，并提高深度学习的效果，以实现教师个人全面发展。通过不断深入学习和提升自身的专业水平，教师能够更好地适应教育新常态，提高教学质量，为学生的学习成长做出积极贡献。

五、从阶段学习到终身学习

在教育新常态下，外语教师的终身学习与自我提升是不可忽视的重要任务。作为教育工作者，教师需要不断适应社会变革和教育改革的需求，更新教育观念、拓宽知识面、提升教育教学能力，以满足学生全面发展的需求。学习型教师的概念与特点中，从阶段学习到终身学习的转变具有重要意义，教师需要将学习视为持续不断的过程，而非一时的任务。在这个过程中，教师应注重学习的连续性、整体性和一体化，实现个人的持续成长和专业发展。

传统上，教师的学习往往是阶段性的，以完成学历教育或职业培训为目标，通过有限的学习时期获取一定的知识和技能，再进入教育工作岗位。然而，在不断变化的社会和教育环境中，这种阶段性学习的模式已经无法满足教师的学习需求。教师需要将学习视为一种终身的责任和习惯，通过不断学习和自我提升，适应教育发展的需要，为学生提供更好的教育服务。

终身学习强调教师应持续不断地更新自己的教育观念和专业知识。教育领域的知识和理论在不断发展和更新，教师需要关注最新的教育研究成果和教学方法，不断更新自己的知识体系。同时，教师还需要不断反思和总结自己的教育实践，从中获取宝贵的经验和教训，不断提升自己的教育教学能力。

终身学习还要求教师具备自主学习的能力和习惯。教师应主动地寻找学习资源和机会，参与各类教育培训、学术研讨和专业交流活动，拓宽自己的学习渠道。同时，教师还应制订明确的学习目标和计划，通过自我管理和自我激励，保持学习的持续性和高效性。

终身学习需要教师具备持续学习的动力和意愿。教师应树立学习的价值观念，认识到学习对个人成长和教育事业的重要性。教师应保持积极的学习态度，愿意面对新的挑战和困难，勇于接受变革和创新，不断超越自我，追求卓越。

终身学习还需要教师积极构建学习网络和学习共同体。教师可以通过加入学科团队、参与教研活动、合作研究课题等方式，与同行进行学习交流和合作，分享经验和资源，共同提高教学水平。此外，还可以利用现代技术手段，参与在线学习社区、教育平台等学习网络，与更广泛的教育界人士分享和交流，获取多元化的学习资源和观点。

终身学习需要教师有持续改进和创新的能力。教师应善于反思和调整自己的教育实践，勇于尝试新的教学方法和策略，不断改进自己的教学效果。还可以通过参与教育研究、撰写教育论文、参加教学比赛等方式，积极探索和推动教育创新。同时，教师还应鼓励学生进行自主学习和创新实践，培养学生的创新精神和问题解决能力。

在实现从阶段学习到终身学习的转变过程中，教师需要具备一系列的学习态度和能力。首先，教师应树立积极的学习态度，保持对学习的热情和好奇心，积极面对学习中的困难和挑战。其次，教师应具备批判性思维和反思能力，不断审视自己的教学实践，发现问题并寻找改进的途径。此外，教师还应具备信息获取和处理能力，善于利用各类资源和工具，获取并整合相关的教育信息和知识。最后，教师还应具备合作与分享的精神，愿意与他人合作学习，分享自己的学习成果和经验，共同促进教育事业的发展。

终身学习对于外语教师的意义不仅仅体现在个人发展和提升，更体现在教育事业的发展和教学质量的提升上。通过持续学习和自我提升，外语教师能够不断拓宽教学视野，更新教育理念和方法，提升教学质量和效果，为学生提供更优质的外语教育服务。同时，终身学习也能够促进教师的专业发展和职业成长，提高教师的教学竞争力和综合素质。

在教育新常态下，外语教师的终身学习与自我提升是教育事业发展的基石。学习型教师的概念与特点中，从阶段学习到终身学习的转变对于教师个人和教育体系的长远发展具有重要意义。外语教师应积极拥抱终身学习的理念，注重学习的连续性和整体性，培养自主学习的能力和习惯，构建学习网络和学习共同体，不断改进和创新教育实践，实现个人的持续成长和教育事业的可持续发展。

总之，成为学习型教师是时代对教师的现实要求，学习型教师的养成不仅能实现教师自身的发展，更重要的是有助于促进学生的全面发展，落实立德树人的根本任务，这是成为学习型教师的现实意义和历史意义。

第二节　外语教师的终身学习策略

一、教育新常态对外语教师终身学习的要求和挑战

（一）新课程理念的深入理解和应用

在教育新常态下，外语教师需要深入理解并应用新课程理念，如素质教育、学科核心素养、跨学科能力等。要求教师转变传统的教学观念和方式，注重学生的全面发展，培养学生的综合能力和创新思维。还需要不断学习新的教学方法和教育理念，探索适应新常态的教学策略和教材。

（二）多元化学生需求的应对

在教育新常态下，学生的需求变得更加多元化，包括语言能力水平、学习兴趣、学习方式等方面的差异。外语教师需要了解和把握学生的特点和需求，灵活调整教学内容和方法，个性化教育的重要性日益凸显。要求外语教师具备持续学习的能力，不断更新自己的教学理念和策略，寻求适应不同学生的教学方法和资源。

（三）科技应用与数字化教育

在教育新常态下，科技应用和数字化教育成为教学的重要组成部分。外语教师需要熟练掌握并运用教育技术工具，如在线教学平台、教育应用软件等，提高教学效果和学生的学习体验。同时，还需要学习如何评估和选择合适的教育科技工具，以及如何在教学中融合技术和教育理念，使技术成为教学的有力支持。

（四）跨文化教育与国际化视野

随着全球化进程的加快，跨文化教育和国际化视野的重要性日益凸显。外语教师需要了解不同文化背景下的教育理念和教学方法，培养学生的跨文化交际能力和全球视野。要

求外语教师不断学习和拓展自己的跨文化知识和国际视野，积极参与国际交流与合作，为学生提供更丰富的语言和文化学习机会。

（五）教师专业发展与终身学习

在教育新常态下，外语教师的专业发展和终身学习成为关键。教师需要通过参加教育培训、研究课题、撰写教育论文等方式不断提升自己的专业能力和学术水平。同时，还需要注重自我反思和评估，不断调整和改进自己的教学实践。要求外语教师具备主动学习和自我提升的意识，积极参与专业交流和合作，建立学习共同体，推动教育不断创新和发展。

教育新常态给外语教师的终身学习提出了更高的要求和挑战。外语教师需要关注新课程理念的应用、多元化学生需求的应对、科技应用与数字化教育、跨文化教育与国际化视野，以及教师专业发展与终身学习。通过不断学习和自我提升，外语教师能够适应新常态的教育要求，为学生提供优质的教育服务，促进教育事业的可持续发展。

二、外语教师终身学习策略的制定和实施

外语教师的专业成长是一个终身持续地动态过程，是为了自身的需求而进行的研究行为。如何使外语教师在英语水平、语言理论、语言教学理论、语言教学技能等方面通过各种形式的继续教育，持续更新自己的知识，有效实现自身的发展，是知识时代的一项重要课题。

（一）教师本位的专业成长

外语教师要关注自身的专业成长，具备自我导向学习的能力，重新整合自身的知识结构，不断改善个人教学的认知、技巧与态度，使自身获得可持续发展。

1. 加强教学反思

当前的大学英语教学改革对外语教师提出了挑战，要求外语教师必须从教书匠转变为研究者，这个转变的关键就是反思。“教师发展过程即教师自我反思、自我更新过程。”反思是教师自我发展的核心，能使教师对自己的教学理念、教学设计、方法、教学行为和效果采取一种批判性态度，通过思考、计划、实践和评价，寻求解决问题的办法，使教师的教学最优化，从而超越自我。反思型教师发展是“将学会教学与学会学习结合起来，努力提高教学实践合理性，使自己成为学者型教师的过程。”外语教师可以通过教学日志对自己的教学经历及时归纳、概括与评价；也可通过与其他教师的讨论与交流及观摩，借鉴同事先进的教育经验，反思自己的教学是否满足培养学生语言交际能力的要求，是否符合语言习得规律，进而重新构建自己的教学模式。

2. 开展行动研究

外语教师在知识社会遇到的教学问题更复杂多样，应主动地开展相关的行动研究来促进专业成长。行动研究涉及教学系统中的各要素，包括计划与准备、课堂反馈与评价、课堂调节与监控等。近年来，语言习得研究越来越突出认知主体在知识建构中的作用，如何

基于建构主义理论开展合作学习、自主学习，如何充分调动学生的情感内因，降低学生的外语学习焦虑，促进语言习得等已经成为教学成败的关键。外语教师可在日常的教学活动中，围绕某一教学环节，结合外语教学的实际，开展研究，并在教学实践中加以验证，最后归纳总结出行动研究报告。行动研究促使外语教师将理论与实践结合起来，有助于教师自我评估、自我监控教学质量，并通过反思总结，建构属于自己的系统化专业知识体系，将内隐知识转化为外显的专业知识，实质上这是教师自我质疑、自我解惑的过程，使外语教师能从另一个角度来审视自身的教学，给自我完善开拓更广阔的空间。

3. 建立教师成长档案

教师成长档案不仅可以用来评估教师的教学表现，更能帮助教师自我认识、自我评价、自我反思及自我成长。教师成长档案是教师对自己个性化教学成长历程进行的跟踪式记录、搜集和展示，内容涵盖教师的背景资料、教学哲学、执教班级情况、教学目标，课堂内教师的课程执行计划及材料运用、教学手段、教学创新及效能情况等，以及若干支撑材料，如学生的测试成绩或作品、班级教学录像、英语学习的成功案例等。材料必须具有典型性和代表性，能突显与证明教师的教学专业知识与技巧，更让其对自己工作深切自我反思，反省自己与学生、同事的互动，从而达成专业成长的目的。建立教师成长档案也是教师实施个人知识管理的过程，是将内隐知识外显化、整合与重构专业实践理论的过程，同时可以促进知识的传播与分享，塑造分享式的学校新文化。

（二）校本导向的教师专业成长

随着外语教学改革的不断深入，教师专业发展与缺乏专业性指导的矛盾日益突出。而高校的持续扩招使得教师大规模、长时间外出学习、研修变得不切实际。因此，校本培训成为一个教师在岗成长的重要平台，将有助于教师在教学实践中提高专业素质，发展专业能力。

1. 加入学习型组织

学习型组织作为先进的科学管理模式，已广泛应用于诸多领域。学校的学习型组织也已成为教师发展的潮流与趋势。学习型组织使教师有机会与其他教师密切交往、互相学习，可以帮助教师成长和发展，落实学校本位进修。对于外语教师来说，个人的专业发展必须依托于一定的专业团体。

（1）学习型组织的重要性

学习型组织为教师提供了一个相互学习和分享的环境，可以帮助教师获得新的知识和技能，拓宽专业视野，提高教学水平。学习型组织包括教学研讨会、教师读书沙龙等定期聚会，在这里教师可以共同探讨教学过程中的问题和挑战，分享成功的经验和教学资源，交流国内外最新的教学方法和理论。在交流与合作中，教师能够将个人的学习与思考与他人的见解和观点相结合，形成整体学习的效果，不断吸收新的信息和知识，实现个人的超越和成长。

（2）学习型组织的特点

学习型组织具有以下特点：开放性、协作性、持续性和创新性。

首先，学习型组织是一个开放的平台，鼓励教师之间的互动和合作，充分发挥每个成员的专业优势和创造力。

其次，学习型组织强调协作和团队合作，鼓励教师之间相互学习和互助，实现知识的共享和交流。

再次，学习型组织是一个持续学习的过程，不断推动教师的专业发展和学习成长。

最后，学习型组织鼓励创新和实践，促进教师在教学实践中不断尝试新的方法和策略，推动教学的改进和创新。

（3）加入学习型组织的益处

加入学习型组织对外语教师的专业发展有多重益处。

首先，教师可以从其他教师身上学习到丰富的教学经验和成功的教学策略，提高自己的教学能力和效果。

其次，教师可以通过与同行的互动和合作，建立起良好的职业关系和人际网络，获得支持和帮助。

再次，教师可以通过参与学习型组织的活动，不断更新自己的知识和技能，适应教育新常态的要求，提升教学水平和专业素养。

最后，加入学习型组织可以培养教师的学习习惯和学习动力，使其成为终身学习者，持续不断地发展自己的教育思想和教学能力。

（4）实现加入学习型组织的策略

首先，教师可以积极参与学校或教育机构组织的学习型活动。这些活动包括教学研讨会、专题讲座、教师读书会等，通过参与这些活动，教师能够接触到最新的教育理论和研究成果，与其他教师进行交流和讨论，拓宽自己的视野，提高教学水平。

其次，教师可以主动寻找和加入专业性的学习团体或研究小组。这些团体或小组可以是校内的教研组织，也可以是跨校或跨区域的教学团队。通过与其他教师共同研究和探讨特定的教学问题或课题，教师能够深入了解并掌握相关知识和技能，共同解决教学难题，推动个人和团队的专业发展。

此外，教师还可以利用现代技术手段，加入在线学习社区或专业论坛。通过参与在线讨论、分享资源和经验，教师可以与全国乃至全球范围内的教师进行交流和互动，拓宽自己的学习网络，获取更广泛的教育信息和专业知识。

同时，教师可以主动寻找并与其他教师建立合作关系。可以与具有相似专业背景或教学兴趣的教师进行合作教学、课题研究或教学观摩，通过相互观摩和互助，促进彼此的成长和发展。

最后，教师应注重个人反思和总结。在参与学习型组织的过程中，教师应不断地对自己的教学进行反思和评估，总结经验和教训，不断改进和提升自己的教学实践。

加入学习型组织对于外语教师的专业发展具有重要的意义。通过积极参与学习型组织的活动、加入专业团体、利用现代技术手段、建立合作关系及进行个人反思和总结，教师能够不断提升自己的教学水平和专业素养，实现个人和团队的发展，促进学校学习文化的塑造。

2. 开展同事间合作

传统上，英语教师通常以独立执教为主，缺乏与其他教师合作的机会。然而，随着对教育成效的要求不断提高，教师合作教学被认为是提升教学绩效、促进教师成长和提高专业水平的有效途径。因此，为了实现这些目标，创建教师合作文化显得尤为重要。

（1）合作取向的教师专业成长活动

教师合作教学可以通过多种方式实现。其中，专业对话、课程发展、同事教练和行动研究等是常见的合作取向的教师专业成长活动。教师可以定期组织专业对话会议，分享自己的教学经验和观点，互相学习和借鉴。同时，通过合作参与课程发展和设计，教师可以共同制定教学目标、教学内容和评价标准，促进课程的有效实施。同事教练是指教师间相互观摩和评估的过程，可以提供及时的反馈和建议，帮助教师不断改进教学实践。此外，行动研究可以让教师合作进行教育实践的研究，共同探索教学问题，并提出改进措施。

（2）教师合作的益处

教师合作教学带来了许多益处。

首先，在个人发展方面，教师通过与同事的合作，可以获得专业尊严和自信心，不再感到孤立。

其次，在社会发展方面，教师合作可以促进专业经验的分享和互动，建立起相互支持和合作的专业团队。这种集体专业意识的形成，不仅提升了教师的专业素养，也为教师提供了更广阔的发展空间。

最后，在专业发展方面，教师合作为教师提供了自主参与的自我更新模式。通过合作，教师能够形成自己的专业观点，并从更广阔的角度进行反思和思考，拓宽专业视野，提升教学策略的有效性。

（3）合作的实践与策略

教师合作需要一定的实践和策略。

首先，教师应建立良好的合作关系和沟通机制，鼓励教师之间的交流和互动。可以通过定期的会议、研讨会和工作坊等形式，为教师提供分享和交流的平台。

其次，教师应鼓励同事间相互支持和合作，建立互信和互助的工作氛围。可以通过互助小组、合作项目等方式，促进教师之间的合作互动。

最后，还可以利用现代技术和在线平台，构建虚拟合作空间，方便教师之间的远程合作和交流。

总之，教师合作教学是提升教学绩效、促进教师成长和提高专业水平的重要途径。通过合作教学，教师能够相互借鉴、分享经验，共同探索教学问题，并提出改进措施。在教育新常态下，教师应积极拥抱合作文化，建立良好的合作关系，开展有效的合作教学实践，实现教师个体和整体的发展。

3. 观摩同事教学

在我国，传统的听课方式主要是为了检查和评价教师的教学质量，因此许多教师对此持有反感态度。如果教师基于自愿与同事进行合作，通过相互观摩课堂教学并进行客观分析与交流，将对提高教学能力、增进理解与认同，以及带来职业上的满足和愉悦感产生积极影响。课堂教学作为我国外语教学的基本形式，涉及教师、学生、教材、教学环节等多个因素。通过相互观摩同事的教学过程，并记录、分析课堂管理、教学方法、学生反应、师生关系及电教媒体的合理使用等方面的情况，能够进一步了解外语教学系统中各要素之间的相互关系和制约作用。此外，可以客观地交换意见，提出改进措施，以实现共同提高和发展的目标。

（1）观摩同事教学的益处

a. 拓宽教学视野和思路

通过观摩同事教学，教师可以接触到不同的教学方法和策略，开阔自己的教学视野。不同的教师有不同的教学风格和经验，他们的教学实践会给予教师新的启示和思考，帮助教师发现和尝试更多的教学方式，丰富自己的教学工具箱。

b. 提高教学能力和水平

观摩同事教学可以让教师发现自己的不足之处，并从中学习和借鉴优秀的教学实践。通过观察和分析同事的教学过程，教师可以发现自己在课堂管理、教学方法、学生互动等方面的不足，并借鉴同事的优点和成功经验，逐步提升自己的教学能力和水平。

c. 增进师生关系和同事关系

通过观摩同事教学，教师可以更好地了解同事的教学理念和教学风格，促进师生之间的理解与认同。教师之间的相互观摩与交流可以促进彼此之间的沟通与合作，增进同事间的团队凝聚力和友好关系，形成积极的教学氛围。

d. 促进教学创新和改进

观摩同事教学过程可以激发教师的教学创新意识，鼓励教师勇于尝试新的教学方法和策略。通过交流和讨论，教师可以提出改进措施，共同探索适合学生需求和教学目标的教学方式，推动教学的创新和改进。

（2）观摩同事教学应注意的事项

a. 自愿与合作

观摩同事教学应基于自愿和合作的原则，教师之间应相互尊重和支持，形成良好的学习氛围。观摩应建立在相互理解和信任的基础上，教师之间要愿意分享自己的教学经验和观点，同时也要乐于接受同事的建议和指导。

b. 客观分析与反思

在观摩同事教学过程中，教师应客观分析和评价，注重发现问题和改进方向。同时，教师也要对自己的教学进行反思和总结，思考如何将观摩中获得的经验和教训应用到自己的教学实践中。

c. 注重交流与讨论

观摩同事教学并不仅限于观察，更要注重交流和讨论。教师之间可以组织小组讨论或座谈会，分享自己的观摩体会和教学心得，共同探讨教学中的问题和解决方法。通过积极地交流和讨论，可以加深对教学的理解和认识，互相启发和促进，提升整个团队的教学水平。

d. 建立学习共同体

为了更好地发挥观摩同事教学的作用，教师可以积极参与学科团队、教研活动和专业培训等，形成学习共同体。学习共同体提供了一个集体学习和协作学习的平台，教师可以通过与同行的互动和合作，不断汲取知识和经验，共同进步。

e. 融入个人发展计划

观摩同事教学应与个人的发展计划相结合。可以根据自己的专业需求和发展目标，有针对性地选择观摩的对象和内容。通过观摩同事教学，教师可以填补自己知识和技能的不足，推动个人的专业发展。

教师观摩同事教学的过程不仅是对个体教师的个人成长和发展有益，也有助于提升整个学校和教育系统的教学质量。通过观摩同事教学，教师可以共同探索和实践教育教学的最佳方式，提高学生的学习效果和综合素养。同时，观摩同事教学也促进了教师之间的交流和合作，建立了良好的师生关系和同事关系，形成了一个相互学习、相互支持的教学团队，共同推动教育事业的发展。

4. 建立教师评价机制

教师评价制度也能成为教师专业发展的动力。教师评价指发展性教师评价，也是国际教师评价的发展趋势。教师评价不仅是发挥奖惩功能的绩效评价，而强调以促进教师发展为导向的形成性评价，使教师获得自信和持续发展的能力。发展性教师评价的关注点不是甄别优劣，实施奖惩，而是教师教育行为表现、情绪体验、过程参与、知识获得及交流合作等多方面的发展，因此不会使教师抱持怀疑与排斥的心态。发展性教师评价采用多元主体，帮助教师多渠道获得全面、真实的信息，使教师不断认识自我、完善自我。语言教师的评价指标主要包括人际关系、文化知识和跨文化知识、语言与语言学知识、语言习得与语言学习、语言教学和职业意识等。这种评价机制视评价为教师反省并改进教学的动力，评价目的在于帮助教师提高教学水平，提高工作绩效，促进教师自我监控与反思能力的提高，促进教师专业发展，促进学校教学质量的提升。

第三节　教师自我提升的途径与方法

在教育新常态下，外语教师的自我提升是至关重要的，它可以帮助教师适应快速变化的教育环境，并提高教学效果和学生发展。

一、学科知识与教育理念的提升

（一）深入学习学科知识

外语教师应不断深入学习自己所教学科的相关知识，包括语言文化、语言学理论、教学法等。可以通过阅读学术文献、参加学术研讨会、学习课程等方式，不断扩充知识面并更新自己的学科知识。

1. 阅读学术文献

积极阅读与外语教学相关的学术期刊、专业书籍和研究论文，了解最新的研究成果、理论和教学方法。通过深入阅读，教师可以加深对学科知识的理解，拓宽自己的知识面，并将新的理论与实践相结合。

2. 参加学术研讨会

积极参加学术研讨会、学科研讨会和教育培训活动，与同行进行交流和讨论。通过与其他专家学者和教师的互动，教师可以了解最新的研究动态，分享自己的教学经验，提升自己的学科知识和教学水平。

3. 学习课程

参加专业学习课程、培训班和研修活动，提升自己的学科知识和专业技能。这些课程包括语言学、文化研究、教学法等方面的内容，可以帮助教师深入学习和应用学科知识。

4. 继续教育

利用在线学习平台、教育机构提供的资源和课程，进行继续教育。教师可以选择与自己学科相关的课程，学习新的理论和教学方法，更新自己的学科知识和教学技能。

（二）关注教育前沿理论

外语教师应积极关注教育领域的前沿理论和研究成果，了解教育改革和发展的最新动态。通过阅读教育期刊、参加教育论坛、关注教育机构的研究报告等方式，不断更新自己的教育理念和认识。

1. 阅读教育期刊和书籍

订阅教育期刊可以及时关注教育界的最新研究成果和理论发展。阅读相关书籍，了解教育领域的经典著作和重要研究，拓宽自己的教育视野。

2. 参加教育论坛和研讨会

积极参加教育论坛、学术研讨会和教育交流活动，与教育界的专家学者和教师进行深入的交流和讨论。通过与其他教育工作者的互动，教师可以了解不同领域的教育理念和实践经验，启发自己的思考和创新。

3. 关注教育机构的研究报告

关注教育机构和研究机构发布的教育研究报告和调研成果。这些报告和成果通常涵盖教育政策、教育改革、教学模式等方面的内容，可以帮助教师了解当前教育领域的动态和趋势。

4. 参与教育社群和网络平台

加入教育社群、教师论坛和教育网络平台，与其他教师进行在线交流和讨论。这些社群和平台提供了一个分享经验、互助学习的空间，教师可以通过与其他教师的互动，了解不同观点和实践，拓宽自己的教育视野。

（三）参与学科研究和项目合作

外语教师可以主动参与学科研究和项目合作，与同行进行合作研究和交流，深化对学科的理解和应用。可以加入学科研究团队、申请学科项目资助、参与学术研讨会等，提升自己的学术水平和学科影响力。

1. 加入学科研究团队

可以选择加入本地或国家级的学科研究团队，共同开展研究项目，深入探索学科的前沿问题，提升学术水平。

2. 申请学科项目资助

通过学校、教育机构和科研基金等渠道，争取经费支持和研究资源，开展自己感兴趣的学科研究。

3. 参与学术研讨会

提交自己的研究论文，参与讨论和学术互动，从中获取反馈和启发，促进学科的发展。

4. 教学实践与研究结合

选择一个特定的教学问题或挑战，进行实践性的研究，收集数据并分析结果，从中总结经验和教训，优化教学策略和方法。

5. 学术出版与分享

将研究成果撰写成学术论文、书籍章节或教学案例，投稿到学术期刊或出版社，与学术界和教育界分享自己的研究成果，推动学科的发展。

6. 跨学科合作

参与学校或教育机构组织的跨学科研究项目，与其他学科的教师进行合作研究和教学设计，促进学科知识的整合和创新。

通过深入学习学科知识、关注教育前沿理论，以及参与学科研究和项目合作，外语教师可以不断提升自己的学科素养和教学能力。这种综合提升不仅能够更好地指导教学实践，还能够促进学科发展和教育改革，为学生提供更高质量的教育。同时，教师自身的学术成就和专业地位也会得到进一步提升，为教师的职业发展打下坚实基础。

二、教学方法与技能的提升

（一）参加专业培训和研修

外语教师可以参加各类专业培训和研修活动，提升自己的教学方法和技能。可以参加教育局或学校组织的教师培训课程、参观名校的教学示范、参加外语教学研讨会等，通过专业培训和研修不断提高自己的教学水平。

1. 教育局或学校组织的教师培训课程

教育局或学校会定期组织教师培训课程，涵盖不同的教学领域和主题，如语言教学法、教育技术应用、课程设计与评估等。教师可以根据自身需求和兴趣选择参加相应的培训课程，学习新的教学理念和策略。

2. 参观名校的教学示范

外语教师可以申请参观名校的教学示范课程，观摩优秀教师的教学实践。通过亲身体验和观察，了解先进的教学方法和教学环境，汲取教学经验和启发。

3. 外语教学研讨会

外语教学研讨会是教师交流和分享教学经验的平台。教师可以参加国内外的外语教学研讨会，听取专家学者的讲座和研究报告，与同行进行交流和讨论，了解最新的教学理念和方法。

4. 在线教育资源和课程

互联网提供了丰富的在线教育资源和课程，外语教师可以参加在线教育平台提供的专业课程，学习最新的教学技术和教学资源。这种方式方便灵活，可以根据自己的时间和需求进行学习。

5. 参与教学团队和研究项目

外语教师可以主动参与学校内外的教学团队和研究项目，与其他教师进行合作研究和交流。通过与团队成员的合作，可以共同探索教学问题，互相借鉴和启发，提升教学方法和技能。

参加专业培训和研修不仅可以提升外语教师的教学方法和技能，还可以拓宽教师的视野，与其他教师进行交流和合作，形成学习共同体，共同促进教育的发展。外语教师应根据自身需求和目标，选择适合自己的培训和研修方式，不断提升自己的专业素养和教学水平。

（二）观摩优秀教师课堂

外语教师可以定期观摩优秀教师的课堂，学习他们的教学方法和策略。可以与同事进行教学观摩，相互交流和分享经验，从中汲取教学的智慧和启发。

1. 同事间教学观摩

与同事之间进行教学观摩是一种常见的方式。可以约同事邀请到彼此的课堂上观摩，分享教学经验和交流教学思路。观摩时要仔细观察优秀教师的教学过程，包括教学准备、教学方法、教学资源的运用、学生参与等方面。

2. 学校组织的教学观摩活动

学校可以组织教学观摩活动，安排优秀教师的课堂对其他教师开放，供大家观摩学习。这种方式可以促进学校教师间的交流和合作，提升整体教学水平。观摩活动可以定期进行，每位教师都有机会展示和分享自己的优势教学方法。

3. 参观名校的教学示范课

外语教师可以申请参观名校的教学示范课程。通过参观名校教师的课堂，可以了解到先进的教学方法和教学环境。观摩名校教师的课堂可以带来全新的教学观点和启示，启发教师进行创新和改进。

4. 观摩在线教学资源

互联网提供了丰富的在线教学资源，外语教师可以观摩优秀的在线教学课程或教学视频。通过观摩他人的在线教学实践，可以学习到新的教学方法和技术，拓宽自己的教学视野。

在进行教学观摩时，外语教师应该保持开放的心态，主动思考和分析观摩课堂，思考优秀教师的教学思路和策略及其背后的原理。同时，也要注意尊重他人的教学风格和个性，将观摩到的经验和方法灵活运用到自己的教学实践中。通过不断观摩和学习，外语教师可以不断提升自己的教学方法和策略，为学生提供更好的教育教学服务。

（三）运用教育技术工具

随着信息技术的快速发展，外语教师应积极探索和运用各种教育技术工具，如电子教案、多媒体教学、在线学习平台等。可以参加相关的培训和研修，了解最新的教育技术趋势，并将其运用到自己的教学实践中，提升教学效果和学生的学习体验。

1. 教育技术工具和方法

（1）电子教案

外语教师可以使用电子教案设计和组织课堂教学。电子教案包括课程内容、学习目标、教学步骤、教学资源等，通过电子媒体展示给学生。电子教案可以提供更多的互动和多媒体元素，增加学生的参与度和学习兴趣。

（2）多媒体教学

外语教师可以利用多媒体设备，如投影仪、电视、音频设备等，呈现课程内容和教学资源。多媒体教学可以通过图片、音频、视频等方式丰富课堂教学内容，提供直观、生动的学习体验。

（3）在线学习平台

外语教师可以利用在线学习平台，如学习管理系统、虚拟教室等，搭建在线学习环境。通过在线学习平台，教师可以上传教学资源、布置作业、进行在线讨论和互动，为学生提供便捷的学习渠道和交流平台。

（4）教育应用程序

外语教师可以利用各种教育应用程序，如语言学习应用、在线词典、语音识别工具等，辅助语言学习和教学。这些应用程序可以提供个性化的学习体验和反馈，帮助学生更好地掌握语言技能。

（5）社交媒体和协作工具

外语教师可以利用社交媒体平台和协作工具，如微博、微信、在线文档共享等，与学生进行在线交流和合作。这些工具可以促进学生之间的互动和合作，提高学习效果和学习动力。

2. 运用教育技术工具时外语教师应注意的问题

（1）了解教育技术工具的特点和优势，选择适合自己教学目标和教学内容的工具

（2）参加相关的培训和研修，提高对教育技术工具的使用技能和教学策略

（3）确保技术设备的正常运行和网络的稳定性，以避免教学中的技术问题和中断

（4）针对学生的特点和需求，合理安排和运用教育技术工具，确保教学过程的有效性和学生的参与度

通过运用教育技术工具，外语教师可以提升教学效果，创造更丰富多样的学习体验，激发学生的学习兴趣和动力。同时，教师也要不断关注教育技术的发展趋势，更新教学方法和策略，为学生提供更好的外语学习环境和教学服务。

总之，教育新常态下外语教师的自我提升需要综合运用多种途径和方法。包括深入学习学科知识和教育理念、提升教学方法和技能。通过不断学习、反思、合作和自我更新，外语教师可以不断提高自己的教学水平和专业能力，为学生的发展提供更好的教育服务。

三、典型案例分析

随着高校教师评价方式改革的深入推进及教学质量要求的不断提升，以实际教学过程中出现的问题为导向开展的课题探究型教师职后校本培训模式，因其能够同时满足科研和教学需求，成为高校教师在职培训的流行模式。以 HL 省为例，HB 省属高校的课题探究型专业外语教师职后校本培训在培训目标、培训内容和培训形式等方面均存在一些问题。鉴于此，应该转变培训观念，制定科学的培训规划；提高培训精度，实现规范的培训管理；创新培训形式，建构特色培训模式；建立培训追踪，完善高端的培训机制。

（一）课题探究型高校教师职后校本培训的内涵

高校教师职后校本培训是高校教师入职初期及职后提升的一种重要形式，它贯穿于教师的整个职业生涯之中，既能够为新入职教师提供适应工作环境的培训机会，也能为有经验的教师提供综合素质能力提升的机会。

具体来说，高校教师职后校本培训是指以所在高校为培训场所，以高校教育教学资源为培训资源，以高校教学和管理岗位教师为培训对象，以高校和教师的发展需求为依据制定培训目标，按照高校教师职业发展阶段进行有组织、有计划的培训活动。课题探究型高校教师职后校本培训是高校教师职后校本培训的一种典型模式，指的是高校借助课题研究的形式提高教师科研和教学实践能力的职后培训。高校设置专门的职后校本培训管理部门，组织本校教师以日常教学和管理活动为基础开展课题研究，将教学和管理过程中遇到的问题以课题的形式展现出来，学校给予专门的资金支持，由教师和学生共同组成研究团队，以推动教学和管理问题的解决及理论研究的深入，达到提高教师教学科研能力和学生学习能力的目的，最终促进高校教育教学质量的提升及师资队伍建设的高质量发展。在高

校进入内涵发展阶段的当下，绝大多数高校设立了“教师发展中心”等校级教师职后校本培训管理机构，通过设置专门的机构推动高校教师有针对性地开展教学和管理问题研究，最终在推动教师职后发展的基础上凝练出本校在教学和科研方面的优势和特色。

（二）课题探究型高校专业外语教师职后校本培训模式的建构

构建有效的高校专业外语教师职后校本培训模式，前提和基础是了解高校专业外语教师的特点和需求。高校专业外语教师多为语言文学专业毕业，知识结构相对单一，对其他专业领域知识缺乏了解，不能应对多元化发展的需求；小班授课、小语种零起点等导致课时任务繁重，教学时间长、工作强度大，较之其他专业更难平衡教学和科研工作，致使学术追求与科研意愿相对较低。2035 年文化强国远景目标提出，要求着力加强对外文化交流和多层次文明对话，这对我国高校外语教师提出了新的要求。高校专业外语教师肩负着提高学生的语言运用能力和跨文化交际能力、加强文明交流互鉴、弘扬中华优秀传统文化的特殊使命。

鉴于此，课题研究型高校专业外语教师职后校本培训模式须更具针对性、时代性和创新性。

1. 更新培训观念，完善培训规划

培训观念是培训行为的实施前提，科学的培训观念有利于培训活动的顺利开展。校本培训管理人员要意识到新时代背景下高校专业外语教师的新使命，结合学校发展实际，将课题探究性培训视为一个动态化管理的过程，形成以解决教学实践问题为驱动力的“课题探究”培训理念，充分发挥专业外语教师在探究课题过程中的主动性和积极性，推动教师实现由“不得不参加”到“主动参与”的角色转变，使专业外语教师能够真正获得自身所需的专业外语知识和教学管理能力，而不是简单的经验共享和传播“平台”。

高校在进行培训之前，首先应充分考虑本校的培养目标和发展实际。总体来说，普通本科教育的培养目标在于培养掌握本专业的基础理论、具备从事本专业工作能力和初步科研能力的高级人才；而高等职业教育的培养目标在于培养能够满足生产、建设、管理、服务第一线需求的实践型人才。应在此基础上结合专业外语教师的发展需求，制定科学的培训规划。专业外语教师应自我反思在教学实践活动中遇到的问题和存在的困惑，以及如何提高培养目标的达成度，要以怎样的课题为基础参加何种内容的职后培训等。学校可采用观察法、访谈法、问卷调查法等多种研究方法将这些反思内容进行收集，利用数据统计及归类法等方法整理专业外语教师的具体培训需求，将具有一般化的普遍性培训内容和特殊个性化的培训内容加以统筹把控和区分，使培训效率最大化。此外，还应跟踪调查培训结果，了解培训行为与培训规划是否一致，参加培训的专业外语教师的需求是否得到满足，其在教学过程中遇到的问题是否有可能得到解决，未能得到解决的原因是什么，培训开展的困境又在哪里等，以此为基础进行总结，找出不足和破解策略，为下一次培训的高质量开展打好基础。

2. 提高培训精度，增强培训实效

培训精度指的是高校对于专业外语教师职后校本培训行为在培训目标、培训内容及培训方式上的把控程度，其目的在于提高培训活动与专业外语教师多样化发展需求的“契合度”。这也是高校专业外语教师职后校本培训质量的关键所在。

（1）在制定培训目标时，既要考虑知识和技能因素，又要考虑情感态度和价值观因素

高校要充分考虑专业外语教师的综合素质能力状况及群体结构构成，明确专业外语教师的群体特征，以参加培训教师需求为依据考量培训标准的“契合度”，以人为本，营造和谐、积极、轻松的培训氛围，从而提高培训目标的精度。“高大上”的培训目标会降低专业外语教师的培训效果。

（2）在安排培训内容时，要有针对性

高校要充分考虑专业外语教师的特殊性及不同语种专业外语教师的个性化需求，有针对性地安排培训内容，做到层次分明、重点突出，不能千篇一律。例如，对于综合素质能力较强的专业外语教师要加强理论内容培训，引导其对教学中的问题作出理论分析，提高课题的理论水平；对于综合素质能力需要进一步提升的教师要加强实践内容培训，引导其与有经验的教师或实践基地的技术人员共同开展课题研究，提高其教学科研及实践能力。

（3）在选择培训方式时，要综合考虑

要充分考虑培训目标和培训内容等要素对于培训方式的影响，同时还要结合专业外语教师的个性化特点，以教师为本位因地制宜、因材施教，将如何从教学实践中引申出理论研究、如何具体开展课题探究等结合起来，达到科研和教学相互促进的效果。

3. 创新培训方式，形成培训特色

职后培训的特色化开展能够满足教师对于培训活动的个性化需求，在高校和专业外语教师之间形成一种高校助力专业外语教师职后培训质量提升、专业外语教师职后培训推动高校教学质量提高的良性互动关系。因此，高校作为专业外语教师职后校本培训的提供者，应该不断创新培训方式，形成培训特色，为其提供更加多样化、高质量的校本培训服务。

（1）将学生纳入培训活动之中

学生既是教师职后培训的最终受益者，也是教师职后培训多元化发展的推动力量。可采取定期互动研讨小组、师徒结对等形式调动学生参与教师职后校本培训的主动性和积极性，学校从制度层面提供保障；改进改革教师观念，重视学生在外语专业教师综合素质能力提升方面的重要作用，充分重视学生的改革建议，从学生视角推进课题的进程。

（2）校本培训的组织模式无需固化，无固定内容，凡是有利于学校发展，有利于教师专业发展，有利于提高教育教学质量的模式都可用于校本培训

课题探究型高校专业外语教师职后校本培训是一个有实际需求的真命题，更需要在考虑教师实际需求的前提下对培训的开展做出针对性调整。例如，强化专业理论基础的课题带动模式、讲座提高模式、以点带面模式、外出取经模式；增强教学实践能力的例课引导

模式、师徒结对模式、交流研讨模式（沙龙、茶座、交流、展示等）、反思总结模式、校际或校企互动模式等。围绕教学搞科研，用科研成果指导教学。

4. 提高培训水准，建构长效机制

提高培训水准、建构长效机制是保障培训目标、培训规划、培训内容和培训实施协同发展的重要手段，同时也是提高专业外语教师校本培训质量和效果的重要途径。

（1）构建培训活动追踪系统

从高校层面看，须实时更新对培训活动的认识，根据学校发展需求及时发现并弥补培训的不足，重新定位职后校本培训目标，推动下一个阶段培训活动的更合理发展；从教师层面看，教师是校本培训的参加主体，须掌握其培训状态及与培训目标之间的差距并及时作出调整；从学生层面看，学生作为教学活动的对象及教师职后培训的最终受益者，其对教师教学内容的接受程度及其专业水平和综合素质的提高程度，也是对职后培训效果的反馈和检验。教师职后发展的质量评估并没有统一的标准，应采取多元化的评估方式，从学校、教师和学生三方入手，对存在的问题作出详细分析，从而制定明确的改进策略，进而达到提高教师发展质量的目的。教师发展评估还要协同校外资源建立评估质量圈，发挥第三者评估的优势，对教师发展做出单独的分析，以保障其契合社会需求。

（2）打造专业的教师职后校本培训机构和团队

高校应该结合本校实际情况设置专门的专业外语教师培训管理机构，以教学需求为基础制定培训项目，推动专业外语教师校本培训项目配套服务的发展。高校也要注重“教师发展专家”的培养，充分发挥其在引领和咨询方面的功能。同时，教师校本培训的高质量开展还需重视教学管理人员综合素质能力的提高，为专业外语教师创造相互沟通和学习的机会。

第六章　师德师风建设与教师职业道德

第一节　师德师风的概念与内涵

一、师德师风的定义和核心价值观

师德师风是指教师在教育教学实践中应遵循的道德规范和职业准则。它不仅体现了教师作为职业人员的职业道德和职业操守，也反映了教师作为教育工作者应具备的专业素养和价值观念。师德师风的核心是教师应秉持的价值观，它包含了以下几个方面的核心价值观。

（一）爱与关怀

教师应以爱为本，关心和关爱每个学生的身心健康和全面发展。他们应尊重学生的个性差异，给予他们充分的关注和支持，帮助他们克服困难，激发他们的学习兴趣和潜能。

（二）诚信与正直

教师应以诚实、正直的态度对待学生和教育工作。他们应坦诚地与学生交流，不撒谎、不欺骗，保持教学过程的公正和透明，做到言行一致，树立诚信的榜样。

（三）尊重与公平

教师应尊重学生的人格和权利，不歧视、不偏袒，对待每个学生一视同仁。他们应公正地评价学生的学习成绩和行为表现，创造公平的学习环境，让每个学生都有平等的机会和发展空间。

（四）责任与奉献

教师应对自己的教育使命负责，并全心全意地投入教育教学工作中。他们应尽职尽责，为学生的学习和成长负责任，愿意付出额外的努力和时间，为学生提供优质的教育服务。

（五）永恒学习与创新

教师应具备永恒学习的意识和追求，不断提升自己的专业知识和教学能力。他们应积极探索创新的教学方法和教育理念，不断适应教育的变化和发展，为学生提供多样化和有效的教育体验。

这些核心价值观构成了师德师风的基础，引导着教师的行为和决策。教师在教育实践中要时刻铭记这些价值观，以身作则，为学生树立良好的榜样，推动教育事业的发展。

二、教师师德师风的要求和标准

在教育新常态下，教师的师德师风要求更加凸显，其核心是要求教师具备高尚的职业道德和良好的教育风尚。教育新常态下对教师师德师风的要求和标准如下。

（一）专业素养

教师应具备扎实的学科知识和教育理论知识，具备良好的教学技能和方法，不断提升自己的教育教学能力，保持学科知识的更新和教育理念的进步。

（二）教育情怀

教师应怀着对教育事业的热爱和责任感，关心学生的发展和成长，尊重学生的个性差异，注重培养学生的综合素养和创新能力，为学生的全面发展贡献力量。

（三）品德修养

教师应具备良好的道德品质和职业道德，保持诚信正直、谦虚守信、恪尽职守的师德风范，树立良好的榜样作用，以身作则，引导学生树立正确的价值观和道德观。

（四）人文关怀

教师应关注学生的身心健康，尊重学生的个体差异，关心学生的成长需求和心理健康，为学生提供温暖和关怀的学习环境，建立良好的师生关系。

（五）教学质量

教师应追求教学的高质量，注重教学效果和学生学习成果的提高，关注学生的学习进展和问题，积极创新教学方法和策略，促进学生的主动参与和自主学习。

（六）团队合作

教师应积极参与学校的教研活动和团队合作，与同事互相学习和交流，共同探索教学改革和发展的路径，形成良好的合作氛围和团队精神。

（七）自我反思

教师应具备良好的自我反思和自我提升意识，关注教学过程中的问题和反馈，不断反思和改进自己的教学方法和教育理念，提升自己的教学水平和教育质量。

这些要求和标准体现了教师作为教育工作者的使命和责任，旨在促进教师的专业发展和教育教学的提升，塑造良好的教师形象，为学生的成长和社会的发展做出积极贡献。同时，学校和教育部门也应提供相应的支持和培训机会，引导教师树立正确的师德师风观念，营造良好的教育环境和文化氛围。

第二节　师德师风建设的措施与路径

一、师德师风建设的重点领域和内容

（一）教育情怀和教育理念

培养教师的教育情怀和教育使命感，引导教师树立正确的教育理念，注重学生的全面发展，关注学生的个性特点和需求，以学生为中心开展教育教学工作。

1. 培养教师的教育情怀是师德师风建设的首要任务

教育情怀是指教师对教育事业的热爱和投入。教师应当深刻理解自己的教育使命，对学生抱有真挚的关怀和执着追求。他们要明确自己选择教育工作的初衷，意识到自己对学生成长的重要影响，从而激发起内在的教育情感和责任感。

2. 教师的教育理念应立足于学生的全面发展

教育不仅仅是知识的传授，更应关注学生的身心健康、情感发展、价值观培养等多个方面。外语教师应认识到学生是有自己的个性、兴趣和潜能的独立个体，应根据学生的特点和需求，灵活运用教学方法，引导学生积极参与学习、发展自己的潜能。

3. 以学生为中心是教育工作的核心原则

外语教师应将学生放在教育教学工作的中心位置，关注学生的学习需求和兴趣，关心他们的学习成果和个人发展。教师要积极倾听学生的声音，鼓励学生表达自己的想法和意见，为学生提供良好的学习环境和学习机会。

此外，教师还应注重培养学生的创新精神和实践能力。应鼓励学生勇于思考、探索和创新，培养他们的创造性思维和问题解决能力。还可以设计具有挑战性和启发性的教学活动，引导学生主动参与实践，培养他们的实际操作能力和综合应用能力。

教师应树立正确的教育理念，注重学生的全面发展，以学生为中心开展教育教学工作。只有通过教师的努力和实践，才能为学生提供更优质的教育和培养，为教育事业的发展做出积极贡献。

（二）专业素养和教学能力

加强外语教师的学科知识和教学能力的提升，持续学习和研究最新的教育理论和语言学发展动态，不断提高自己的专业素养和教学水平，运用科学有效的教学方法和策略。

1. 加强学科知识的学习和研究

外语教师应持续学习和研究最新的语言学发展动态、教育理论和教育政策。可以通过参加学术研讨会、阅读学术期刊和专业书籍、参与学科研究项目等方式，不断拓宽自己的学科知识和视野。

2. 掌握科学有效的教学方法和策略

外语教师应深入了解和运用科学有效的教学方法和策略，以提高教学效果和学生的学习成就。可以通过参加教师培训和研修、与同行交流分享经验、观摩优秀教师的课堂等方式，不断积累和丰富自己的教学经验。

3. 注重个性化教学和差异化教学

外语教师应关注学生的个性特点和学习差异，运用个性化和差异化的教学方法和手段，满足学生的学习需求和兴趣。可以通过了解学生的学习风格、进行个别辅导和指导、提供个性化的学习任务和评价等方式，促进学生的个性化发展和学习效果的提升。

4. 持续反思和专业发展

外语教师应不断进行教学反思和专业发展，及时总结经验教训，不断改进和提升自己的教学水平。可以通过开展教学反思活动、参与教学研究和项目合作、进行同行评课等方式，促进自身的教学成长和专业发展。

外语教师应持续学习和研究最新的学科知识和教育理论，掌握科学有效的教学方法和策略，注重个性化和差异化教学，持续反思和专业发展。只有不断提升自身的专业素养和教学能力，才能更好地履行教育使命，为学生提供优质的教育服务。

（三）职业道德和教育法律法规

强化外语教师的职业道德意识，要求教师遵守教育法律法规，恪守职业道德准则，坚持诚信守信，尊重学生和家长的权益，保护学生的隐私和个人信息，维护教育公平和教学秩序。

1. 遵守教育法律法规和教师职业准则

外语教师应深入了解并遵守教育法律法规的规定，包括相关教育法律法规文件、教育政策文件及学校的管理规章制度等。同时，要恪守教师的职业道德准则，如尊重学生和家长的权益、保护学生的隐私和个人信息、维护教学秩序和教育公平等。

2. 诚信守信和廉洁从教

外语教师应坚持诚信守信的原则，在教育教学活动中要保持真实、客观和公正，不得进行舞弊、作弊等违反职业道德和教育法律法规的行为。同时，要保持廉洁从教的原则，不得利用职务之便谋取私利，不得接受贿赂或利用职权谋取不正当利益。

3. 尊重学生和家长的权益

外语教师应尊重学生和家长的人格尊严，关注他们的合法权益，不歧视、不侮辱、不虐待学生，保护他们的隐私和个人信息。同时，要与家长保持积极的沟通和合作，共同关注学生的成长和发展。

4. 维护教学秩序和教育公平

外语教师应积极维护教学秩序，建立良好的教室管理和纪律约束机制，确保教学活动的有序进行。同时，要坚持教育公平的原则，不偏袒、不歧视学生，为每个学生提供平等的学习机会和教育资源。

总之，外语教师在教育新常态下应强化职业道德和教育法律法规意识，遵守教育法律法规和教师职业准则，诚信守信和廉洁从教，尊重学生和家长的权益，维护教学秩序和教育公平。只有在遵守法律法规和道德准则的基础上，才能更好地履行自己的教育使命，为学生提供良好的教育环境和教学服务。

（四）师生关系和教育环境

建立良好的师生关系，关心学生的发展和成长，尊重学生的个体差异，理解并满足学生的学习需求，关注学生的身心健康，为学生提供良好的学习环境和情感支持，营造和谐的教育氛围。

1. 建立亲近和信任的师生关系

外语教师应与学生建立良好的互动关系，展现真诚和关爱的态度，主动倾听学生的心声和需求。通过与学生的沟通和交流，增进彼此的了解和信任，建立积极的师生关系。

2. 关注学生的个体差异和学习需求

外语教师应认识到每个学生都是独特的个体，具有不同的学习特点和需求。针对学生的个体差异，教师应采用灵活的教学策略，提供个性化的学习支持，帮助学生充分发展和实现自己的潜能。

3. 关注学生的身心健康

外语教师应关注学生的身心健康状况，关心学生的情绪状态和心理需求。教师可以通过鼓励学生积极参与课堂活动、关注学生的学习进展、提供适当的心理支持等方式，促进学生身心健康的发展。

4. 营造良好的教育环境和教育氛围

外语教师应努力营造积极向上、充满活力的教育环境。教师可以通过精心设计的教室布置、丰富多彩的教学活动、激发学生学习兴趣的教学内容等方式，为学生提供良好的学习氛围和学习体验。

5. 提供情感支持和学习指导

外语教师应成为学生的良师益友，给予他们必要的情感支持和鼓励，引导学生树立正确的学习态度和价值观。教师可以通过定期的个别谈话、班级活动、学生辅导等方式，与学生建立更为深入的联系，关心他们的成长和发展。

总之，外语教师在教育新常态下应重视师生关系和教育环境的建设，建立亲近和信任的师生关系，关注学生的个体差异和学习需求，关心学生的身心健康，营造良好的教育环境和教育氛围。通过这样的努力，外语教师能够更好地促进学生的学习和成长，培养他们全面素养和发展潜能的提升。

（五）课堂教学和教学评价

注重课堂教学的设计和实施，合理安排教学内容和教学活动，运用多种教学方法和媒体技术，激发学生的学习兴趣和参与度，关注学生的学习效果和个体差异，进行有效的教学评价和反馈。

1. 合理安排教学内容和教学活动

外语教师应根据学科特点和学生的学习需求，合理选择和组织教学内容，确保教学内容的连贯性和系统性。教师可以采用探究式教学、项目化学习、小组合作学习等多种教学方法，激发学生的学习兴趣和参与度。

2. 运用多种教学方法和媒体技术

外语教师可以结合现代技术手段，如多媒体、互联网资源等，丰富教学手段和教学资源，提升课堂教学的效果和趣味性。通过使用多媒体教具、网络资源、教学软件等，教师能够更生动地呈现语言和文化内容，激发学生的学习兴趣。

3. 关注学生的学习效果和个体差异

外语教师应采用多样化的教学评价方法，综合考查学生的语言能力、学科素养和综合能力的发展情况。可以采用考试、作业、项目评价、口头表达等方式，全面评价学生的学习成果。同时，教师应关注学生的个体差异，根据学生的特点和需求，提供个性化的学习支持和辅导。

4. 进行有效的教学评价和反馈

外语教师应及时对学生的学习情况进行评价和反馈，帮助学生认识自己的学习进展和存在的问题，并提供相应的指导和支持。教师可以通过口头反馈、批改作业、评语等方式，向学生传达对他们学习的肯定和建议，激励他们进一步提高学习成绩和自我发展。

总之，外语教师在教育新常态下应注重课堂教学的设计和实施，合理安排教学内容和教学活动，运用多种教学方法和媒体技术，激发学生的学习兴趣和参与度，关注学生的学习效果和个体差异，进行有效的教学评价和反馈。通过这样的努力，外语教师能够提高教学效果，满足学生的学习需求，促进学生的全面发展。

（六）团队合作和专业发展

积极参与学校的教研活动和团队合作，与同事们互相学习和交流，共同探索教学改革和发展的路径，形成良好的合作氛围和团队精神，注重个人的专业发展和终身学习，持续提升教师的专业素养和创新能力。

1. 积极参与学校的教研活动和团队合作

外语教师可以主动参与学校组织的教研活动，与同事们一起分享教学经验、交流教学观点，共同研究和探索教学改革的路径和策略。通过合作研究、集体备课、教学观摩等形式，可以相互启发、互相学习，形成良好的合作氛围和团队精神。

2. 注重个人的专业发展和终身学习

外语教师应持续关注学科领域的最新发展和研究成果，通过阅读学术文献、参加学术会议、接受专业培训等方式，不断拓宽自己的学科视野，提高专业素养和教学水平。同时，应制订个人的职业发展计划，定期进行自我评估和反思，设定学习目标，并不断努力完成，以实现自身的成长和进步。

3. 持续提升教师的专业素养和创新能力

外语教师应关注教育领域的前沿理论和最新教学方法，不断探索和尝试创新的教学方式和策略。可以参与教师培训课程、参观名校的教学示范、参加学术研讨会等，了解最新的教育趋势和教学技术，将其应用到自己的教学实践中，提升教学效果和学生的学习体验。

4. 建立良好的合作网络和资源共享机制

外语教师可以利用现代技术手段，如在线教育平台、教师社交网络等，与其他教师建立联系和交流，分享教学资源、经验和教学案例。通过互相学习和互相借鉴，可以不断丰富自己的教学方法和教材，共同提升教学质量。

外语教师在教育新常态下应积极参与团队合作和专业发展，与同事互相学习和交流，共同探索教学改革和发展的路径，形成良好的合作氛围和团队精神。同时，注重个人的专业发展和终身学习，持续提升教师的专业素养和创新能力。通过这样的努力，外语教师能够不断提高教学质量，推动个人成长，为学生提供更优质的教育服务。

（七）社会责任和公众形象

外语教师要承担起教育的社会责任，积极参与社会公益活动，关注社会发展和文化交流，传递正确的价值观和文化认同，树立良好的教师形象，争取社会的认可和尊重。

1. 传递正确的价值观和文化认同

外语教师应注重培养学生的全面素质和正确的价值观，教育他们尊重多元文化、包容不同观点，培养国际视野和全球公民意识。同时，教师自身也要树立正确的价值观，以身作则，成为学生模仿和学习的榜样。

2. 积极参与社会公益活动

外语教师可以参与各类社会公益活动，如义教活动、社区志愿者服务、环保行动等，通过自己的行动为社会贡献力量，传递爱心和关怀。不仅有助于培养学生的公民意识和社会责任感，也展示了教师的社会担当。

3. 关注社会发展和文化交流

外语教师应积极关注社会的发展动态和文化交流活动，了解国内外的教育政策和教育改革，关注教育领域的前沿理论和最新研究成果。通过参加学术会议、进行学术交流和合作，教师可以拓宽自己的视野，为学生提供更广阔的教育资源和知识。

4. 树立良好的教师形象

外语教师应注重自身形象的塑造，要有良好的职业道德和行为规范，以专业的态度和高素质的教育工作，赢得学生和家长的尊重和信任。同时，教师也要注重与家长和社会的有效沟通，建立良好的互动关系，形成积极向上的教师形象。

外语教师在教育新常态下应承担起教育的社会责任，积极参与社会公益活动，关注社会发展和文化交流。外语教师可以树立良好的教师形象，赢得社会的认可和尊重。这不仅对个人的发展有益，也为教育事业的进步和社会的发展做出了积极的贡献。

通过在这些方面加强自身建设，外语教师能够更好地履行教育使命，为学生的全面发展和社会的进步做出积极贡献。

二、师德师风建设的实施措施和路径

在教育新常态背景下，师德师风建设是教育事业发展的重要方面。为了促进教师的职业发展和提高教育质量，需要采取一系列的实施措施和路径来加强师德师风建设。

（一）明确师德师风的内涵和核心价值观

师德师风的建设首先需要明确其内涵和核心价值观。教师要树立正确的教育理念，注重学生的全面发展，关注学生的个体差异和需求，以学生为中心开展教育教学工作。师德师风要求教师遵循职业道德准则，恪守教育法律法规，坚持诚信守信，尊重学生和家长的权益，保护学生的隐私和个人信息，维护教育公平和教学秩序。

1. 关注学生全面发展

师德师风要求教师将学生的全面发展置于首位，注重培养学生的知识、技能、情感和价值观。教师应关注学生的个体差异和需求，尊重学生的个性，引导学生积极参与各种学习和实践活动，培养学生的综合素质和创新能力。同时，教师还应关注学生的身心健康，关爱他们的成长和发展，为他们创造良好的学习环境和情感支持。

2. 坚持职业道德准则

师德师风要求教师恪守职业道德准则，遵循教师职业行为规范和伦理要求。教师应具备诚信守信的品质，遵守法律法规，保持良好的职业操守。他们应当坚持公正、客观、公平的原则，不偏袒、不歧视任何学生，对待学生一视同仁。同时，教师还应以身作则，成为学生的榜样，展示积极向上的价值观和行为模范。

3. 尊重学生和家长权益

师德师风要求教师尊重学生和家长的权益，积极与家长沟通，建立良好的家校关系。教师应倾听学生和家长的意见和建议，关注他们的关切和需求，与家长共同为学生的成长和发展努力。教师应保护学生的隐私和个人信息，妥善处理敏感问题，确保学生在教育环境中的安全和尊严。

4. 维护教育公平和教学秩序

师德师风要求教师维护教育公平和教学秩序，保证每个学生都能获得公平的教育机会。教师应遵循公正的原则，不偏袒、不歧视学生，对待每个学生一视同仁。他们应确保教学过程的规范和有序，维护课堂纪律，促进学生的学习效果和教学质量的提升。

总之，明确师德师风的内涵和核心价值观对于教师的职业发展和教育质量的提升至关重要。关注学生全面发展、坚持职业道德准则、尊重学生和家长权益、维护教育公平和教学秩序是师德师风的重要内容。教师应积极践行这些价值观，为学生的成长和社会的进步做出积极贡献。教育部门和学校应加强对师德师风的引导和管理，为教师提供必要的培训和支持，共同推动师德师风的建设。

（二）加强师德师风的理论研究和宣传教育

师德师风的建设需要加强相关的理论研究和宣传教育。教育主管部门可以组织专家学者开展研究，深入探讨师德师风的内涵和实践路径。同时，可以开展师德师风的宣传教育活动，如举办师德师风主题讲座、撰写师德师风教育读物、制作宣传片等，增强教师的师德师风意识和责任感。

1. 加强师德师风的理论研究

（1）开展师德师风理论研究项目

教育主管部门可以组织专家学者进行师德师风理论研究，深入探讨师德师风的内涵、特点和实践路径。通过研究成果的发布和交流，推动师德师风的理论创新和发展。

（2）设立师德师风研究机构

建立专门的研究机构或教育研究中心，致力于师德师风相关问题的研究和探索。组织相关研究团队，开展深入的调查研究和案例分析，为师德师风建设提供理论支持和实践指导。

（3）鼓励教师参与研究项目

鼓励教师参与师德师风的理论研究项目，激发他们的研究热情和创新能力。通过教师的实践经验和案例研究，丰富师德师风理论的内容，提供具体可行的建议和方法。

2. 开展师德师风的宣传教育

（1）举办师德师风主题讲座和研讨会

组织师德师风专家和资深教育工作者开展主题讲座和研讨会，向教师传达正确的师德师风观念和实践经验。通过专家的分享和互动交流，提高教师对师德师风的认识和重视程度。

（2）撰写师德师风教育读物和手册

编写相关的教育读物、手册和教材，系统介绍师德师风的理念、原则和实践要求。通过教材的推广和使用，帮助教师深入了解师德师风的重要性，提高他们的道德水平和职业操守。

（3）制作宣传片和教育资源

制作师德师风的宣传片和教育资源，通过多媒体手段向广大教师和学生宣传教育师德师风的重要性和意义。利用互联网平台和教育资源库，推广和分享相关的教育视频、课件和案例，激发教师的学习兴趣和参与度。

（4）组织师德师风主题活动

举办师德师风主题活动，如师德师风月、师德师风示范评选、师德师风培训班等，增强教师对师德师风的认同感和荣誉感。通过活动的开展，树立典型教师的榜样作用，鼓励教师践行师德师风，争做优秀的教育工作者。

（三）建立健全师德师风评价体系

为了促进师德师风的建设，需要建立健全的评价体系。可以通过制定师德师风评价指标和标准，对教师的师德师风进行定期评估和考核。评价体系应该综合考虑教师的教学水平、教育观念、职业操守等方面的表现，形成科学、客观、公正的评价结果，并对评价结果进行有效的反馈和奖惩机制。

1. 建立师德师风评价指标体系

制定科学合理的师德师风评价指标体系，从教师的教学质量、学生评价、家长评价、同事评价等多个角度对师德师风进行评估和考核。通过评价结果的反馈和总结，帮助教师认识自身的不足和提升潜力。

2. 设立师德师风激励机制

建立奖励制度，对在师德师风建设中取得突出成绩的教师予以表彰和奖励。设立师德师风荣誉称号，激励教师践行师德师风，树立榜样效应。同时，建立教师发展的长效机制，为教师提供良好的职业成长环境和发展机会。

（四）加强师德师风的培训和引导

教师的师德师风建设需要通过培训和引导来加强。可以组织师德师风培训班、研讨会等形式的培训活动，提供师德师风的理论知识和实践经验。同时，可以通过校本研修、专家指导等方式，对教师进行个别指导和辅导，帮助他们解决师德师风方面的问题，提高师德师风的素养。

1. 组织师德师风培训班和研讨会

（1）主题培训班

组织专家学者就师德师风相关的理论和实践进行专题培训，向教师传授师德师风的基本要求和培养路径。培训内容可以包括教师职业道德、师生关系、课堂教学规范等方面的知识和技巧。

（2）研讨会和座谈会

组织教师参加师德师风研讨会和座谈会，提供交流和互动的平台，分享师德师风的成功经验和案例，引导教师深入思考和反思自己的师德师风实践，激发教师的自我提升和改进意识。

（3）专业培训课程

设计和提供师德师风的专业培训课程，通过在线学习平台或面授方式，让教师灵活选择学习内容和时间。培训课程可以涵盖师德师风的理论知识、案例分析、教学策略等方面，帮助教师全面提升师德师风素养。

2. 校本研修和个别指导

（1）校本研修活动

通过学校组织的校本研修活动，设置师德师风相关的课题或研究项目，鼓励教师参与课题研究和教学实践，提高师德师风的专业水平和应用能力。学校可以邀请专家或校内优秀教师进行指导，帮助教师解决实际问题和提升师德师风素养。

（2）个别指导和辅导

通过一对一或小组形式的个别指导和辅导，针对教师在师德师风方面的具体问题，提供专业的指导和建议。可以通过教育主管部门、学校领导或专家教师的指导，帮助教师解决个人师德师风问题，推动其个人成长和职业发展。

3. 建立师德师风指导团队和导师制度

（1）师德师风指导团队

建立专门的师德师风指导团队，由具有丰富教育经验和优秀师德师风的教师组成，负责师德师风的指导和辅导工作。指导团队可以定期组织教师培训、座谈和观摩活动，提供专业的师德师风咨询和指导服务。

（2）导师制度

建立导师制度，将优秀的教师或教育专家指派为新任教师的导师，负责帮助他们培养良好的师德师风素养和教学能力。

（五）加强师德师风的监督和管理

为了确保师德师风的有效实施，需要加强对教师师德师风的监督和管理。教育主管部门应加强对学校和教师的日常管理，建立健全的师德师风管理机制和工作机构。同时，要加强对教师的督导和评估，及时发现和纠正违反师德师风的行为，强化教师的职业责任和职业操守。

1. 建立师德师风管理机制和工作机构

（1）设立师德师风管理机构

在教育主管部门或学校内部设立专门的师德师风管理机构，负责师德师风建设的组织、指导和协调工作。该机构应由专业人员组成，具备相关的管理和咨询能力。

（2）制定师德师风管理制度

制定师德师风管理的规章制度和操作细则，明确教师的师德师风要求、管理程序和责任分工。规范教师的行为准则，明确教师在师德师风方面的职责和义务。

2. 加强教师师德师风的督导和评估

（1）教师督导

建立定期的教师师德师风督导机制，通过校级、区级或教育主管部门的督导人员对教师的师德师风进行定期检查和评估。督导人员可以进行课堂观摩、教学反馈、师德师风考察等方式，及时发现问题并提出改进意见。

（2）师德师风评估

建立科学的师德师风评估机制，通过学生评价、家长评价、同事评价等多方面的综合评估，全面了解教师在师德师风方面的表现和发展情况。评估结果可以作为提升教师师德师风的重要依据，促进教师的成长和进步。

3. 加强违反师德师风行为的处理和纠正

（1）建立违纪违规处理机制

制定违反师德师风行为的处理办法和纪律规定，明确违规行为的性质、处理程序和相应的处罚措施。对于严重违反师德师风的教师，要依法依规进行严肃处理，确保教师队伍的纯洁性和公正性。

（2）加强教师教育和帮扶

对于存在师德师风问题的教师，要及时进行教育和帮扶，通过心理辅导、职业培训等方式，帮助他们认识问题、改正错误，重新树立正确的教育理念和职业操守。

4. 加强师德师风信息管理和舆情引导

（1）建立师德师风信息管理系统

建立完善的师德师风信息管理系统，对教师的师德师风表现和奖惩情况进行记录和归档。系统应具备信息安全性、可追溯性和维护性，确保信息的准确性和保密性。

（2）加强舆情引导和舆论引导

对于教师师德师风方面的正面典型事迹和先进典型进行宣传报道，引导舆论关注教师师德师风的正面形象和作用。同时也要及时回应和引导负面舆情，采取有效的沟通和解释措施，及时纠正误解，维护教师的声誉和形象。

5. 加强师德师风建设的监督和评估

（1）师德师风建设的监督机制

建立健全的监督机制，包括定期检查、督导和评估，确保师德师风建设的顺利推进和落实。监督机制应由教育主管部门、学校领导和专家组成，以加强对师德师风建设工作的指导和监督。

（2）师德师风建设的评估机制

制定科学的评估指标和评估标准，对师德师风建设进行定期评估和绩效考核。评估结果可以作为改进和调整师德师风建设工作的依据，以推动师德师风建设的持续改进和提升。

（六）营造良好的教育环境和文化氛围

师德师风建设还需要营造良好的教育环境和文化氛围。学校要注重校园文化建设，培养和弘扬良好的教育风尚，营造尊师重教、互帮互助、和谐发展的教育氛围。教师要相互关心和支持，共同努力为学生的成长和发展提供良好的教育环境。

1. 建设和谐的师生关系

教师要尊重学生的个体差异和需求，关心他们的成长和发展。积极引导学生，鼓励他们参与课堂讨论和互动，创造积极向上的学习氛围。同时，学校要建立有效的沟通机制，加强教师与家长之间的沟通和合作，形成家校共育的良好格局。

2. 倡导教育理念和核心价值观

学校要明确和宣传教育的核心价值观，如尊重、公平、责任、创新等，引导教师和学生树立正确的教育理念和行为准则。通过教育活动和主题教育，加强学生的思想道德教育，培养积极向上、有社会责任感的公民意识。

3. 提供良好的教育资源和设施

学校要不断完善教育资源和设施，提供良好的学习环境和条件。配备现代化的教学设备和多媒体工具，为教师提供充足的教学资源和支持，提高教学效果和教学质量。

4. 加强校园文化建设

学校可以开展丰富多彩的文化活动和主题教育，如艺术节、读书节、科技展示等，培养学生的综合素养和审美能力。同时，学校要加强对学生的心理健康教育，建立心理咨询服务机制，为学生提供及时的心理支持和辅导。

通过明确师德师风的内涵和核心价值观，加强理论研究和宣传教育，建立评价体系，加强培训和引导，加强监督和管理，营造良好的教育环境和文化氛围，可以有效推进师德师风的建设，提升教师的职业素养和教育质量。为学生的全面发展和社会的进步做出积极的贡献。

第七章　教师的教育研究与学术发展

第一节　教育研究的重要性与意义

一、理论创新和知识积累

教育研究为教师专业发展和教育改革提供了理论支持和知识积累。通过深入研究和探索，教育研究者发展了各种教育理论和模型，如建构主义、多元智能理论、学习社区等，为教师教学提供了新的思路和方法。教育研究还通过实证研究和案例分析，总结和积累丰富的教育经验和实践，为教师专业发展和教育改革提供宝贵的参考和借鉴。

（一）理论创新

教育研究通过对教育过程和教学实践的深入研究，推动教育理论的创新。研究者通过理论建构和概念发展，提出各种教育理论和模型，为教师的教学实践提供新的思路和指导。

1. 建构主义理论

建构主义理论认为学习是学生主动构建知识和理解的过程，教师的角色是引导和促进学生的学习。教育研究通过对建构主义理论的研究，为教师提供培养学生自主学习和问题解决能力的方法和策略。

2. 多元智能理论

多元智能理论提出人类智力的多元性，认为每个人具有多种智能，教育应该针对学生的不同智能特点进行教学。教育研究通过对多元智能理论的研究，为教师提供根据学生的智能特点设计个性化教学的方法和技巧。

3. 学习社区模型

学习社区模型强调学生之间的合作和共同构建知识的重要性。教育研究通过对学习社区模型的研究，为教师提供了促进学生合作学习和互动交流的策略和工具。

这些理论和模型的提出和发展，为教师提供了丰富的教学理念和方法，指导他们更好地组织和实施教学活动，提高教学效果和学生学习成果。

（二）知识积累

教育研究通过实证研究和案例分析，积累了丰富的教育经验和实践知识。这些研究成果为教师专业发展和教育改革提供了宝贵的参考和借鉴。

1. 教学方法和策略

教育研究通过对不同教学方法和策略的研究，总结和归纳了有效的教学实践经验。教师可以通过学习和借鉴这些研究成果，提升自己的教学能力和教学效果。

2. 教育评估和质量监控

教育研究在教育评估和质量监控方面发挥着重要作用。研究者通过对教育政策和实践的评估和监控，提供了科学的评价指标和方法。教师可以根据这些研究成果，对自己的教学进行评估和反思，不断改进和提高教学质量。

3. 教师发展和职业成长

教育研究对教师的发展和职业成长提供了重要支持。研究者通过对教师专业发展的研究，揭示了教师职业发展的规律和路径。教师可以根据这些研究成果，规划自己的职业发展路径，不断提升自己的专业素养和教学能力。

通过理论创新和知识积累，教育研究为教师专业发展和教育改革提供了理论支持和实践指导。教师可以通过学习和应用这些研究成果，不断提升自己的教学水平和教育素养，为学生提供更好的教育服务，推动教育事业的持续发展。

二、教师培训和专业发展

教育研究为教师的培训和专业发展提供了重要的支持和依据。基于教育研究的成果，教育机构和教育主管部门开展了各种形式的教师培训活动，提供了专业知识和教学技能提升的机会。教育研究还为教师专业发展制定了相应的标准和评价体系，帮助教师进行自我评估和反思，促进教师的不断成长和提高。

（一）教师培训

教育研究为教师培训提供了重要的理论基础和实践指导。教育机构和教育主管部门根据教育研究成果，制定和组织各种形式的教师培训活动，帮助教师提升教学能力和专业素养。具体来说，教育研究在教师培训中的贡献主要体现在以下几个方面。

1. 课程设置和内容安排

通过深入研究和分析教学实践，教育研究确定了各个学科和教学领域的核心知识和教学技能，为教师培训制定了相应的课程设置和内容安排，确保教师培训的针对性和实用性。

2. 培训方法和策略

研究者通过实证研究和案例分析，总结了有效的教师培训方法，如教学观摩、反思讨论、小组合作等，为教师培训提供了指导和借鉴。

3. 评价和反馈机制

通过对教师培训效果的评估和反馈，教育研究帮助培训机构和教育主管部门了解培训效果，优化培训方案，提高培训的质量和效果。

（二）专业发展

教育研究对教师的专业发展起到积极的推动作用。通过对教师专业发展的研究，教育研究提供了有益的指导和支持，帮助教师实现个人成长和职业发展。以下是教育研究在教师专业发展中的贡献。

1. 专业标准和评价体系

通过对教师素养和教学能力的研究，教育研究明确教师专业发展的要求和指标，为教师制订个人发展计划和评价自身的专业成长提供了依据。

2. 自主学习和反思

研究者通过研究自主学习和反思的方法和策略，为教师提供有效的学习和反思指导，帮助教师在实践中不断提高自身的教学能力和专业素养。

3. 职业规划和支持机制

通过对教师职业发展的研究，教育研究帮助教师规划自己的职业道路，为其提供相应的支持和发展机会，促进教师的个人成长和职业提升。

三、教育政策制定和教育改革

教育研究为教育政策制定和教育改革提供重要的依据和参考。通过对教育问题的深入研究和分析，教育研究者提供政策制定者所需的实证数据和理论依据，为制定科学合理的教育政策提供支持。教育研究还通过对教育改革的跟踪和评估，帮助教育决策者了解改革的效果和影响，为教育改革的调整和优化提供重要参考。

（一）教育政策制定

教育研究为教育政策制定提供重要的依据和参考。通过对教育问题的研究和实证分析，教育研究者提供大量的数据和理论支持，帮助政策制定者了解教育现状、问题和需求，为制定科学合理的教育政策提供依据。

1. 数据支持和需求分析

教育研究通过对教育领域的调查和研究，提供大量的数据和信息，帮助政策制定者了解教育系统的运行状况、教师队伍的情况、学生的学习情况等。这些数据和信息为政策制定者提供客观的依据，使他们能够更准确地分析和把握教育问题，制定出更具针对性和可操作性的政策。

2. 教育问题研究和解决方案

教育研究通过对教育问题的深入研究，为政策制定者提供了解决问题的方案和建议。研究者通过对教育问题的原因和影响进行分析，提出相应的政策建议和改革方案，为政策制定者提供了重要的参考和指导。

3. 教育理论和模型

教育研究通过对教育理论和模型的研究，为政策制定者提供了科学的指导和思路。研究者通过理论建构和模型构建，提出了各种教育理论和模型，为政策制定者提供了解决教育问题的思路和方法。

通过以上贡献，教育研究帮助政策制定者更加科学地制定教育政策，使政策具有可操作性、针对性和可持续性，促进了教育事业的发展。

（二）教育改革

教育研究对教育改革的实施和推进起到重要的作用。教育改革是为了解决教育领域存在的问题和挑战，提高教育质量和公平性，满足学生和社会的需求。教育研究为教育改革提供了理论支持和实践指导，具体体现在以下几个方面。

1. 改革方向和目标

教育研究者通过深入研究和调查，了解教育领域存在的问题和瓶颈，提出改革的方向和目标，为教育改革的制定和实施提供科学依据。

2. 改革策略和措施

通过对国内外教育改革经验的研究和借鉴，教育研究者总结出一系列有效的改革策略和措施，如教育资源配置、课程改革、教师培训等。这些研究成果为教育改革的实施提供实践经验和操作指南，提高改革的可行性和效果。

3. 改革评估和反馈

教育研究者通过实证研究和数据分析，评估和监测教育改革的效果和影响，及时发现问题和挑战，为改革的进一步推进提供反馈和建议。

教育研究在教育改革中的贡献不仅体现在理论层面，还体现在实践层面。研究者积极参与教育改革的实践和实验，通过实证研究和案例分析，提供具体的改革经验和实践建议，推动了改革的深入实施和成效的提升。

教育研究对教师专业发展和教育改革的贡献体现在教育政策制定和教育改革两个方面。通过为政策制定者提供科学的数据和理论支持，教育研究帮助制定科学合理的教育政策。同时，教育研究为教育改革提供了改革方向、改革策略和改革评估的依据，推动教育改革的实施和效果的提升。教育研究需要与教育实践紧密结合，深化研究内容，加强与教育决策者、教师和学生的沟通与合作，共同推动教育事业的发展。

四、教育实践和问题解决

教育研究对教师专业发展和教育改革的贡献还体现在解决教育实践中的问题上。教育研究者通过对教育实践的观察和分析，发现教育中存在的问题和挑战，并提出相应的解决方案和改进措施。这些解决方案和措施可以针对教学方法、课程设计、教育管理等方面的问题，为教师提供具体的操作指南和实践经验。

1. 问题识别和分析

教育研究通过对教育实践的深入研究，识别和分析教育领域存在的问题和挑战。研究者可以通过实地观察、问卷调查、访谈等方法，收集和整理教师、学生和家长的反馈和意见，了解他们在教育实践中面临的困惑和需求。

2. 解决方案和改进措施

基于对问题的深入分析，教育研究者提出相应的解决方案和改进措施。他们可以根据研究结果，设计和实施针对性的教学方法、课程设计和教育管理策略，帮助教师解决实际问题，提高教育质量和效果。

3. 实践验证和案例分析

教育研究通过实践验证和案例分析，评估和总结解决方案的有效性和实施情况。研究者可以选择一定数量的教师或学校进行实践试验，收集数据并进行分析，以验证解决方案的可行性和效果。同时，他们还可以通过案例分析，总结和分享成功的实践经验，为其他教师提供借鉴和参考。

4. 反馈和改进

教育研究不仅关注解决问题，还重视对解决方案的反馈和改进。研究者可以与教师进行密切的合作与沟通，收集他们对解决方案的反馈和建议，不断改进和优化方案。同时，他们还可以将解决方案的经验和教训反馈给教育决策者和教育管理部门，以促进更广泛的教育改革和创新。

通过以上的教育实践和问题解决，教育研究对教师专业发展和教育改革做出重要的贡献。研究者通过对教育实践中的问题进行深入研究和解决方案的提出，为教师提供具体的指导和实践经验，帮助他们提高教育质量和专业水平。同时，教育研究也为教育改革提供有针对性的改革方向和策略，促进教育制度和教育实践的创新与进步。为了更好地发挥教育研究的作用，需要加强教育研究的实践导向，鼓励研究者与教育实践紧密结合，促进理论与实践的互动与融合。

教育研究对教师专业发展和教育改革具有重要的意义和作用。它为教师提供理论支持和知识积累，促进教师培训和专业发展；为教育政策制定和教育改革提供依据和参考；同时，教育研究通过解决教育实践中的问题，为教师提供实用的指导和解决方案。通过教育研究的不断深入和推进，教师专业发展和教育改革将得到更好的支持和推动，教育质量和教育效果也将不断提升。

五、教育新常态下教育研究的特点和趋势

教育新常态下，教育研究具有一系列特点和趋势，这些特点和趋势在一定程度上反映了教育发展的需要和社会变革的要求。

（一）需求导向和问题驱动

在教育新常态下，教育研究越来越注重解决实际问题和满足社会需求。教育研究者更加关注教育实践中的热点问题和难点挑战，积极探索和提供解决方案。研究的目的不仅是为了追求学术的突破和发表论文，更加注重研究成果的实际应用和社会影响。

（二）多元方法和跨学科合作

教育研究在方法上更加多元化和综合化，注重定量和定性相结合、案例研究和实证研究相结合等多种研究方法的运用。同时，教育研究也更加强调跨学科合作，积极整合教育学、心理学、社会学、经济学等学科的理论和方法，以全面理解和解决教育问题。

（三）技术驱动和数据驱动

随着信息技术的快速发展，教育研究越来越依赖于技术手段和数据支持。大数据、人工智能、虚拟现实等技术被应用于教育研究的数据收集、分析和模拟，为研究者提供更丰富的研究材料和分析工具。同时，教育研究也需要关注技术应用的合理性和伦理性，避免技术本位导致研究的片面性和失真性。

（四）国际交流与比较研究

在全球化背景下，教育研究趋向于开展国际交流与比较研究。教育研究者借鉴国外的理论和经验，探索适合本国情况的教育改革和发展路径。同时，也通过与国际教育界的学者和机构进行交流与合作，拓宽研究视野，提升研究水平。

（五）终身学习与专业化发展

教育研究者在教育新常态下需要保持终身学习的态度，不断更新知识和方法，适应教育发展的需求。此外，专业化发展也成为教育研究者的追求目标。他们在特定的领域或研究方向上进行深入探究，提高自身的研究能力和影响力。

（六）可持续发展和社会责任

教育研究趋向于关注可持续发展和社会责任。教育研究者将环境可持续性、社会公正性和经济发展等因素纳入研究范畴，探索教育的整体效益和社会影响。他们关注教育的生态系统，探索如何实现教育的可持续发展和社会责任，促进全体学生的全面发展。

教育新常态下教育研究的特点和趋势多样且兼具挑战和机遇。教育研究在满足实际需求、跨学科合作、技术驱动、国际交流等方面不断发展，同时也注重教育实践问题的解决、可持续发展和社会责任等方面的作用。教育研究者在持续努力下，将能够为教师专业发展和教育改革提供更加有力的支持，推动教育的创新和进步。

第二节　教师的科研能力与学术影响力的培养

一、教师科研能力的要求和提升途径

在教育新常态背景下，外语教师的科研能力显得尤为重要。他们需要具备科学研究的基本素养和方法，能够深入研究外语教学的理论与实践问题，为教学改革和学科发展做出贡献。

（一）要求

1. 学科知识储备

外语教师应具备扎实的学科知识储备，熟悉外语教学的理论体系和方法论。应了解语言学、教育学、心理学等相关学科的最新研究成果，掌握外语教学的前沿理论和实践经验。

2. 科学思维与创新意识

外语教师需要培养科学思维和创新意识，具备从问题出发、寻找解决方案的能力。应具备批判性思维，能够对现有的教学模式和方法进行反思和改进，寻求创新的教学策略。

3. 数据分析与研究方法

外语教师需要掌握科学研究的基本方法和数据分析技能，能够收集、整理和分析相关数据，提出科学地研究问题并进行有效的研究设计。应熟悉定性和定量研究方法，能够运用适当的研究工具进行数据收集和分析。

4. 跨学科合作与交流

外语教师应具备跨学科合作与交流的能力，与其他学科领域的专家、研究者进行合作，分享研究成果和经验。能够理解并运用其他学科的研究方法和理论，拓宽研究视野，提高研究的广度和深度。

（二）提升途径

1. 参与学科研究项目

外语教师可以主动参与学科研究项目，与同行进行合作研究和交流。可以加入学科研究团队，申请学科项目资助，参与学术研讨会等，提升自己的学术水平和学科影响力。

2. 阅读学术文献和期刊

外语教师应经常阅读相关学术文献和期刊，了解学科的最新研究成果和发展动态。可以关注学术期刊、学术网站、学术论坛等，积累最新的研究知识和观点。

3. 参加学术研讨会和研究讲座

外语教师可以参加学术研讨会和研究讲座，听取专家学者的报告和演讲，了解最新的研究成果和思想。可以通过学术交流和讨论，与其他研究者分享自己的研究经验和成果，获得反馈和启发。

4. 开展教育实践研究

外语教师可以通过开展教育实践研究提升科研能力。可以选择一个教学问题或挑战，设计科学的研究方案并进行实践，通过数据收集和分析，得出结论并提出改进建议。这样的实践研究既可以提升教师的科研能力，也能为教学改革提供宝贵的经验和建议。

5. 专业培训和研修活动

外语教师可以参加各类专业培训和研修活动，提升自己的科研能力。可以参加学校或教育机构组织的科研方法和数据分析培训课程，学习科学研究的基本理论和技能。此外，还可以参加相关的学术会议和研究讲座，与专家学者进行交流和学习。

通过培养学科知识储备、科学思维、研究方法和跨学科合作等要求，外语教师可以提升自己的科研能力。为此，他们可以参与学科研究项目，与同行进行合作研究和交流，加入学科研究团队，申请学科项目资助，参与学术研讨会等，从而提升学术水平和学科影响力。此外，外语教师还可以通过阅读学术文献和期刊，了解学科的最新研究成果和发展动态，关注学术期刊、学术网站、学术论坛等，积累最新的研究知识和观点。参加学术研讨会和研究讲座也是一个重要的途径，听取专家学者的报告和演讲，与其他研究者分享自己的研究经验和成果，获得反馈和启发。同时，开展教育实践研究也是提升科研能力的有效途径，通过开展实践研究来解决教学问题，设计科学的研究方案并进行实践，通过数据收集和分析得出结论并提出改进建议，不仅提升了个人科研能力，还能为教学改革提供宝贵的经验和建议。最后，参加专业培训和研修活动也是提升科研能力的有效途径，可以参加科研方法和数据分析培训课程，学习科学研究的基本理论和技能，参加相关的学术会议和研究讲座，与专家学者进行交流和学习。通过这些途径，外语教师可以提升自己的科研能力，为教育改革和学科发展做出贡献。

二、提升教师学术影响力的策略和方法

教育新常态背景下，外语教师提升教师学术影响力是非常重要的，它可以增强教师在学术界的声誉和影响力，进一步提高教学水平和教育质量。

（一）深入学术领域

通过深入学术领域，外语教师可以不断扩大自己的学术知识和视野，紧跟学术前沿的发展，为教育实践提供科学的理论支持和方法指导。

1. 阅读学术文献

外语教师应定期阅读相关领域的学术期刊、学术论文和研究报告。这些学术文献是学术界最新的研究成果和学术动态的重要来源。通过阅读学术文献，外语教师可以了解当前学术研究的热点问题、新的理论观点和方法，并将其运用到自己的教学实践中。

2. 参加学术会议和研讨会

外语教师应积极参加学术会议和研讨会，这是学者们交流、分享研究成果和经验的重要平台。通过参加学术会议和研讨会，外语教师可以与同行进行深入的学术交流，了解最新的研究动态和前沿观点。同时，还可以展示自己的研究成果，获取同行的反馈和建议，进一步提升研究水平和学术影响力。

3. 加入学术团体

外语教师可以主动加入相关的学术团体或协会，如外语教学研究协会、应用语言学协会等。这些学术团体通常会组织学术研讨会、学术讲座、研究项目等活动，为成员提供学术交流和合作的平台。通过参与学术团体的活动，外语教师可以与同行共同研究和讨论学术问题，与领域内的专家学者建立联系，拓展自己的学术合作网络。

4. 开展研究项目

外语教师可以主动开展研究项目，深入探究某一领域或问题。可以选择参与学校或教

育机构的研究项目，或者自行提出研究课题。通过开展研究项目，可以深入研究、系统分析相关问题，积累研究经验，提升学术能力和影响力。

总之，外语教师要深入学术领域，需要不断阅读学术文献，参加学术会议和研讨会，加入学术团体，开展研究项目等。这些方法和途径可以帮助外语教师不断扩大学术知识和视野，与同行进行学术交流与合作，提升自身的学术影响力，为教育实践和学科发展做出更大的贡献。

（二）开展高质量的研究工作

通过深入研究和精心设计研究项目，外语教师可以产生具有学术价值的研究成果，提升自身的学术水平和影响力。

1. 选择研究课题

外语教师应选择与自己教学和研究领域相关的研究课题。这些课题应具有一定的学术意义和实践价值，能够解决实际问题或推动学科发展。通过选择合适的研究课题，外语教师能够确保研究的深度和广度，提高研究成果的学术质量和影响力。

2. 严谨的研究方法

外语教师在开展研究工作室，应运用科学严谨的研究方法。这包括设计合适的研究方案，选择适当的研究方法和工具，确保数据的可靠性和有效性。同时，要遵循学术伦理，尊重研究对象的权益，保证研究过程的科学性和公正性。

3. 出版学术论文

将研究成果转化为学术论文是提升学术声誉和影响力的重要途径。外语教师应积极撰写学术论文，将研究成果发表在高水平的学术期刊上。在撰写论文时，要注意论文的结构和逻辑，遵循学术写作的规范和要求。此外，要及时关注学术期刊的征稿信息，选择合适的期刊进行投稿，并积极回应审稿人的意见和建议，提高论文的质量和学术影响力。

4. 参与科研项目

外语教师可以积极申请和参与科研项目，与其他研究者进行合作，共同开展有影响力的研究工作。参与科研项目可以拓宽研究视野，获取更多的资源和支持，提高研究的深度和广度。同时，与其他研究者的合作可以促进学术交流与合作，共同推动学科的发展。

外语教师要提升教师学术影响力，需要深入研究领域，选择合适的研究课题，运用严谨的研究方法，将研究成果转化为学术论文，并积极参与科研项目。通过这些努力，外语教师可以在学术界树立起自己的声誉和影响力，为学科发展和教育改革做出更大的贡献。

（三）建立学术合作与合著

通过与其他学者进行合作，可以共同开展研究项目、撰写学术论文，提高研究成果的质量和影响力。

1. 寻找合作伙伴

外语教师应积极寻找具有相关研究兴趣和专长的学者，建立良好的学术合作关系。可以通过学术会议、研讨会、学术期刊等途径，寻找对自己研究领域感兴趣的学者，并进行交流和合作探讨。建立稳定的学术合作关系有助于长期合作和共同推进学术研究。

2. 共同研究项目

与合作伙伴共同申请和开展研究项目，是加强学术合作的重要方式之一。通过共同申请科研项目，可以获得更多的资源和支持，提高研究的深度和广度。合作伙伴可以在项目中承担不同的角色和任务，共同解决学术问题，相互促进和补充，提高研究的质量和影响力。

3. 合著学术论文

与合作伙伴合作撰写学术论文，是提高学术影响力的重要途径。合作伙伴可以共同分享研究成果，共同撰写学术论文，从不同的角度和专业背景出发，丰富论文的内容和观点。在合著过程中，要保持良好的沟通和合作，明确各自的责任和贡献，并确保论文的质量和准确性。

4. 联合组织学术活动

与合作伙伴联合组织学术研讨会、专题讲座等活动，是促进学术交流和学科发展的有效途径。可以共同确定活动的主题和内容，邀请优秀的学者进行演讲和分享，吸引更多的学术人士参与讨论和交流。通过联合组织学术活动，可以拓宽学术网络，增加学术合作的机会，提升自身的学术影响力。

通过寻找合作伙伴、共同开展研究项目、合著学术论文和联合组织学术活动，可以增强学术交流与合作，丰富研究成果，提高论文的质量和影响力。同时，学术合作也能够推动学科的发展，促进教师专业发展和教育改革的实施。

（四）积极参与学术评审和学术组织工作

外语教师可以积极参与学术评审和学术组织工作，提升自己的学术影响力。

1. 担任学术期刊审稿人

积极响应学术期刊的审稿邀请，参与学术论文的评审工作，提高自己的学术声誉和知名度。

2. 担任学术会议评委

参与学术会议的组织和评审工作，评选优秀论文和学术奖项，提升自己在学术界的地位和影响力。

3. 参与学术组织委员会

积极参与学术组织委员会的工作，为学术活动的策划和组织提供支持，加强与其他学者的联系和合作。

4. 发表评论和学术观点

积极参与学术讨论，发表评论和学术观点，与学术界同行进行学术交流和讨论，扩大自己的学术影响力。

（五）加强学术交流与分享

外语教师应积极参与学术交流与分享，提升教师学术影响力。

1. 学术演讲和讲座

积极参加学术会议、学术讲座等学术活动，分享自己的研究成果和学术观点，与同行进行学术交流与讨论。

2. 学术网络平台

利用学术网络平台，如学术社交媒体、学术博客等，发布学术文章、评论和观点，与其他学者进行互动与讨论。

3. 邀请讲座和培训

积极邀请学术专家或知名学者进行学术讲座和培训，为教师提供学术启发和指导，促进学术思考和交流。

4. 学术合作研究项目

积极参与学术合作研究项目，与其他学者合作开展研究工作，共同推动学科发展和学术创新。

（六）持续专业发展和终身学习

通过担任学术期刊审稿人、学术会议评委，参与学术组织委员会的工作，以及发表评论和学术观点，外语教师可以扩大自己的学术影响力，提升自身的学术声誉和知名度。

1. 担任学术期刊审稿人

积极响应学术期刊的审稿邀请，参与学术论文的评审工作，是提升学术影响力的重要途径之一。作为审稿人，可以对他人的研究进行评价和指导，提供专业的意见和建议。通过审稿工作，不仅可以加深对学术领域的理解和认识，还可以与其他学者进行交流和合作，扩大自己的学术网络。

2. 担任学术会议评委

参与学术会议的组织和评审工作，有助于提升自己在学术界的地位和影响力。作为评委，可以评选优秀的论文和学术奖项，推动学术界的发展和进步。通过参与学术会议评审，可以了解最新的研究动态和前沿成果，与其他学者进行深入的学术交流和讨论。

3. 参与学术组织委员会

积极参与学术组织委员会的工作，为学术活动的策划和组织提供支持，也是提升学术影响力的重要途径之一。作为委员会成员，可以参与学术活动的策划、议题的选择和专家的邀请等工作，与其他学者建立合作关系，推动学术交流和合作。同时，参与学术组织委员会还可以扩大自己的学术视野，了解学术界的最新发展趋势。

4. 发表评论和学术观点

积极参与学术讨论，发表评论和学术观点，也是提升学术影响力的重要方式之一。通过参与学术讨论和交流，可以与其他学者进行学术互动，提出自己的独特见解和观点，对学术问题进行深入思考和讨论。发表评论和学术观点可以通过学术期刊、学术博客、学术论坛等渠道进行，将自己的声音传达给学术界，扩大自己的学术影响力。

积极参与学术评审和学术组织工作，如担任学术期刊审稿人、学术会议评委，参与学术组织委员会的工作，以及发表评论和学术观点，是外语教师提升学术影响力的重要策略。通过这些途径，可以与其他学者进行深入的学术交流和合作，拓宽学术视野，增强自身的学术声誉和知名度。同时，积极参与学术评审和学术组织工作还能推动学术界的发展和进步，为学科的发展和教师专业发展做出积极贡献。

总之，外语教师提升教师学术影响力需要综合运用多种策略和方法。通过深入学术领域、开展高质量的研究工作、建立学术合作与合著、积极参与学术评审和学术组织工作、加强学术交流与分享及持续专业发展和终身学习，外语教师可以提升自己的学术影响力，为教育事业做出更大的贡献。

第三节　学术交流与合作的机会和渠道

一、学术交流的重要性和价值

在教育新常态背景下，学术交流的重要性和价值日益凸显。学术交流是教师专业发展和教育改革的关键环节，具有以下重要性和价值。

（一）促进知识共享和创新

学术交流为教师提供了与同行分享研究成果、学术观点和教学经验的机会。通过交流，教师可以获取新的知识和信息，了解前沿研究成果和教育理论，激发创新思维，促进知识共享和创新。

（二）提升教师专业能力

学术交流为教师提供了学习和成长的平台。通过与其他学者进行学术互动和合作，教师可以深化对学科知识和教学方法的理解，拓展教学思路和策略，提升教学能力和专业水平。

（三）拓宽学术视野和思维方式

学术交流使教师能够接触到不同领域、不同学派的研究成果和观点。通过了解和探讨不同的学术观点和研究方法，教师可以拓宽学术视野，培养多元化的思维方式，增强综合素养和批判性思维能力。

（四）增强专业认同感和归属感

学术交流使教师能够与学术界建立联系和合作，参与学术组织和活动，拓展人际关系网络。通过与同行的交流与合作，教师可以感受到学术界的认可和尊重，增强专业认同感和归属感，提升自信心和职业满意度。

（五）推动教育改革和发展

学术交流为教育改革和发展提供重要支持。通过学术交流，教师可以了解国内外教育领域的最新动态和发展趋势，汲取经验和借鉴先进的教育理念和实践，为教育改革提供理论支持和实践指导，推动教育事业的持续发展和进步。

在教育新常态背景下，学术交流的重要性和价值不可忽视。通过学术交流，教师可以与同行分享和交流学术成果、教学经验和教育理念，促进知识共享和创新；提升教师专业能力，拓宽学术视野和思维方式；增强专业认同感和归属感；推动教育改革和发展。因此，教师应积极参与学术交流活动，与同行进行深入的学术互动和合作，共同推动教育的不断进步与发展。

二、学术交流与合作的平台和渠道

（一）学术会议和研讨会

学术会议和研讨会是外语教师进行学术交流与合作的重要平台。这些活动为教师提供了展示研究成果、分享经验、获取新知识和建立学术合作关系的机会。

1. 国际学术会议

国际学术会议通常吸引了来自世界各地的学者和研究者，涉及广泛的教育领域和专题。这些会议提供了全球学术交流的平台，促进不同文化和背景下的学术合作与合著。

外语教师可以通过提交论文摘要并获得邀请来参加学术会议，展示自己的研究成果，并与来自其他国家和地区的学者进行交流和合作。

在学术会议期间，教师可以参加主题演讲、分会场报告、研讨会和小组讨论等活动，了解最新的研究动态、学术趋势和方法，发现合作机会。

2. 国内学术会议

国内学术会议是在本国范围内举行的学术交流活动，通常由学术协会、学校或研究机构组织。这些会议聚集了国内的学者和研究者，探讨与国内教育环境和需求相关的议题。

外语教师可以通过投稿论文、申请参会等方式参与国内学术会议，与国内同行分享研究成果、交流学术观点和方法，获取国内研究领域的最新进展。

在国内学术会议上，教师还可以关注教育政策和教学改革的最新动态，了解国内教育研究的热点和趋势。

3. 分会场和论坛

学术会议通常涵盖多个主题和领域，为了更好地满足不同学者的需求，会议组织者通常设置分会场和论坛，聚焦特定的研究方向和议题。

外语教师可以选择参加与自己研究方向相关的分会场和论坛，与具有相似研究兴趣和专业背景的学者进行深入交流和合作。在这些小组讨论和专题研讨会上，教师可以分享自己的研究发现、提出问题、探讨解决方案，并互相启发和借鉴。

分会场和论坛还提供了更为亲密和互动的学术交流环境，使教师能够更深入地了解和参与特定领域的学术讨论和合作。

通过参与学术会议和研讨会，外语教师可以扩展自己的学术视野、接触国内外的学术前沿、了解不同文化和背景下的教育研究动态，并与其他学者建立联系和合作。这种学术交流与合作的平台和渠道不仅有助于教师个人的学术发展和影响力提升，也促进学术界之间的合作与共享。除了学术会议和研讨会，还有其他一些平台和渠道可以促进外语教师的学术交流与合作，进一步提升了他们的学术影响力。

（二）学术期刊和出版物

学术期刊和出版物是外语教师进行学术交流与合作的重要渠道。通过发表学术论文、撰写综述和评论，以及参与学术专著和合著，教师能够分享研究成果、深化学术思考、与同行交流，并提升自身的学术影响力。

1.发表学术论文

发表学术论文是外语教师向学术界展示研究成果、贡献学术知识的重要方式。教师可以按照以下步骤发表学术期刊和出版物。

（1）确定目标期刊

选择与研究方向和内容相关的学术期刊。了解期刊的发表要求、主题范围、影响因子等指标，选择具有良好声誉和较高影响力的期刊。

（2）准备论文稿件

按照目标期刊的投稿要求，准备论文稿件。包括标题、摘要、关键词、引言、方法、结果、讨论、结论、参考文献等部分。注意遵循学术论文的格式规范、论证严谨和语言准确性。

（3）提交和审稿

将论文稿件提交到目标期刊。经过同行评审（通常为匿名评审）过程，由专业学者对论文进行评审和建议。根据审稿人的反馈，进行修改和完善，最终争取论文被接收发表。

（4）发表后的交流

一旦论文发表，教师可以通过学术期刊的平台和学术社交网络，与其他学者分享论文内容，接收同行的反馈和评论，扩大学术影响力和合作机会。

2.撰写综述和评论

综述和评论是对某一学术领域的研究进展进行总结和评价的学术写作形式。外语教师可以通过撰写综述和评论，展示对特定学术领域的深入了解和见解。

（1）综述文章

综述文章对某一学术领域的研究成果和进展进行梳理和总结，归纳研究主题、方法、结果和趋势。教师可以通过对相关领域的文献进行系统的阅读和分析，整理出综合性的综述文章。

（2）评论文章

评论文章对特定学术研究或相关领域的热点话题进行评价和探讨。教师可以对前沿研究成果进行评论，提供自己的观点和见解，参与学术讨论并与同行交流。

综述和评论的撰写可以通过投稿到学术期刊、学术杂志、学术报告或专业网站等方式进行，也可以通过参与学术研讨会、学术论坛等平台展示和分享。

3. 学术专著和合著

学术专著是对某一学术领域进行系统研究和总结的书籍形式，具有一定的学术权威和影响力。外语教师可以参与学术专著的编写和出版，提升自身的学术影响力。

（1）编写专著

教师可以根据自己的研究领域和兴趣，进行深入的研究和写作，编写具有学术价值的专著。专著可以是个人著作，也可以与其他学者合作编写。

（2）合著专著

与其他学者合著专著是外语教师参与学术期刊和出版物的一种方式。

（3）学术期刊的特邀审稿人

教师可以积极参与学术期刊的特邀审稿人，成为学术期刊的评审专家。这样可以深入了解学术期刊的编辑流程和标准，同时也能对其他学者的论文进行评审，提高自己对学术论文的理解和评估能力。

（4）学术期刊的编委会成员

教师可以申请成为学术期刊的编委会成员，参与学术期刊的管理和决策。作为编委会成员，可以与其他知名学者共同参与学术期刊的发展规划和内容策划，对学术期刊的方向和质量发挥积极作用。

（5）学术期刊特刊或专辑的编辑

教师可以参与学术期刊特刊或专辑的编辑工作，组织和策划特定主题的论文集。这样可以与其他学者密切合作，共同组织学术资源，促进学术交流和合作。

（6）书评和编辑工作

教师可以参与学术期刊和出版物的书评和编辑工作，审查和推荐具有学术价值的图书和研究成果。这样不仅可以扩展自己的学术视野，还能与其他学者进行深入的学术交流和合作。

（7）学术出版社的顾问或编委

教师可以成为学术出版社的顾问或编委，参与学术出版社的出版规划和图书编辑工作。作为顾问或编委，教师可以与其他学者共同推动学术出版物的出版和传播，为学术界提供高质量的学术著作。

总之，通过参与学术期刊和出版物的审稿、编辑、编委及专题组织等活动，外语教师可以深入了解学术出版领域的运作机制，拓展学术交流与合作的渠道，进一步提升自身的学术影响力和地位。这些参与方式不仅有助于教师的个人发展，还能促进学术界的合作和共同进步。

（三）学术网络和社交媒体

学术网络和社交媒体为外语教师提供了广阔的在线学术交流与合作的平台，有助于拓展学术影响力和促进学术合作。

1. 加入学术社交平台

外语教师可以注册并加入学术社交平台，这些平台聚集了全球的学者和研究人员，可以与他人分享自己的研究成果、发表观点、提出问题，并与同行学者建立联系和互动。通过这些平台，教师可以找到研究领域相关的学者，获取最新的研究动态，探讨学术问题，并寻找合作伙伴开展共同研究项目。

2. 创建个人学术博客

教师可以创建个人学术博客，通过博客平台分享自己的研究成果、教学经验和学术观点。博客可以成为展示个人学术声誉和专业素养的窗口，吸引其他学者和教育从业者的关注，促进学术交流和合作。同时，教师可以关注其他学者的博客，从中获取新的研究思路和观点，与其他学者进行讨论和互动。

3. 参与学术论坛和讨论组

教师可以积极参与学术论坛和讨论组，这些论坛和讨论组可以是官方的学术网站，也可以是由学者自发组织的在线学术群组。在这些平台上，教师可以与其他学者交流自己的研究成果，提出问题、讨论学术观点，获取反馈和建议，并与同行学者开展深入的学术交流和合作。

4. 利用社交媒体平台

教师可以利用社交媒体平台，关注和参与自己研究领域相关的学者、学术组织和专业协会。通过社交媒体平台，教师可以了解最新的学术动态和信息，分享自己的研究成果和观点，与其他学者进行在线交流和合作。此外，教师还可以关注和参与相关学术活动和研讨会的讨论，与其他学者共同探讨学术问题并迎接挑战。

通过利用学术网络和社交媒体平台，外语教师可以积极参与学术交流与合作，拓展学术影响力，与全球的学者进行跨地域的学术合作，进一步推动自己的学术发展和专业成长。然而，在参与学术交流与合作的过程中，教师需要保持学术诚信，遵守学术道德准则，注意选择高质量的信息源，并注重知识产权和个人隐私的保护。

（四）学术组织和项目合作

参与学术组织和项目合作是外语教师进行学术交流与合作的重要途径，可以为教师提供广阔的学术平台和资源，促进学术合作和研究成果的共享。

1. 加入学术组织和协会

教师可以积极加入相关的学术组织和协会，如教育研究协会、教育技术协会等。加入学术组织可以为教师提供学术交流与合作的平台，与同行学者进行交流与讨论，参与组织的学术活动和会议，了解最新的研究动态和学术趋势，与其他研究者建立联系，共同推动学术领域的发展。

2. 科研项目合作

教师可以主动参与科研项目的合作，与其他研究者一起申请、执行和完成科研项目。通过与不同领域和背景的研究者合作，可以拓宽研究视野，借鉴其他研究者的经验和专业知识，提高研究质量和水平。科研项目合作还有助于资源共享、合作发表论文及获得研究经费等方面的支持。

3. 联合研究小组

教师可以与其他教师形成联合研究小组，共同选定研究方向和课题，共享资源和经验，合作开展研究工作。通过团队合作，教师可以充分利用各自的优势，协作解决研究问题，推动研究工作的进展。联合研究小组还可以促进学术创新和跨学科的合作，提高研究成果的质量和影响力。

4. 学术交流活动

教师可以积极参与学术交流活动，如学术讲座、研讨会、学术会议等。这些活动提供了与其他学者进行面对面交流和讨论的机会，教师可以分享自己的研究成果和经验，发现合作机会，了解其他学者的最新研究动态，并建立长期的学术合作关系。通过学术交流活动，教师还可以提高自己的学术影响力，扩大学术网络，为自己的学术发展和教育实践提供支持。

通过参与学术组织和项目合作，外语教师可以与其他学者进行学术交流与合作，共同推动学术领域的发展，拓宽自己的学术视野，提高学术影响力。此外，通过学术组织和项目合作，教师还能够获取资源支持、获得研究经费、发表高质量的学术论文等，促进个人学术成长和专业发展。

第八章　外语教师的课程开发与教学设计

第一节　教学设计的理论基础

一、教学设计的基本原理和理论基础

教学设计是教师在进行教学活动时所制订的教学计划和组织安排。它涉及教学目标的设定、教学内容的选择与组织、教学方法的运用以及评估与反馈等方面。教学设计的质量将直接影响教学效果和学生学习成果的实现。

（一）教学设计的目标导向原理

教学设计应该以明确的教学目标为基础，目标导向原理是指在教学设计中明确确定教学目标，并根据目标合理选择教学内容、方法和评估方式。教学目标应该明确、具体、可测量，并与学生的学习需求和发展目标相契合。教师需要根据学生已掌握的知识、技能和兴趣，合理设定目标，为学生提供明确的学习方向和期望结果。

（二）建构主义教学设计原理

建构主义教学设计原理强调学生的主动参与和知识的构建过程。根据建构主义的理论，学生是积极主动的学习者，他们通过与教师和同伴的互动、探究和合作，构建自己的知识体系和意义。因此，教学设计应该提供具有挑战性和启发性的学习任务和情境，鼓励学生探索和发现知识，培养学生的批判性思维和解决问题的能力。

（三）多元智能理论的教学设计原理

多元智能理论认为每个学生具有不同的智能类型和优势，教学设计应该充分考虑学生的多元智能，并为其提供多样化的学习机会和评估方式。教师可以根据学生的智能特点，设计适合不同学生的教学活动，如通过语言、逻辑数学、音乐、空间、人际关系等不同智能的培养来促进学生全面发展。

（四）情境教学设计原理

情境教学设计原理强调将学习置于真实和有意义的情境中。教学设计应该创造具有现实意义的学习环境和情境，使学生能够将所学的知识和技能应用到实际问题的解决中。教师可以通过情景模拟、案例分析、问题解决等方式，引导学生在具体的情境中进行学习和

思考，培养学生的实际应用能力和创新思维。

（五）反思与调整原理

教学设计不是一次性的过程，教师需要不断进行反思和调整。根据教学实施的反馈和评估结果，教师应该反思自己的教学效果，对教学设计进行调整和优化。这需要教师具备反思和自我评价的能力，通过与同事和专家的交流和反馈，不断改进自己的教学设计，提高教学质量。

以上是教学设计的基本原理和理论基础，教师在进行教学设计时可以结合这些原理和理论，根据具体的教学需求和学生特点，设计出符合教学目标和教学环境的有效教学方案。

二、教育新常态对教学设计的影响

教育新常态对教学设计产生了深远地影响。随着信息技术的快速发展、学生学习需求的变化及社会发展的要求，教学设计需要适应新常态下的教育环境和学生特点。

（一）强调个性化学习

在教育新常态下，学生的个性差异和学习需求的多样性得到更多的重视。教学设计需要关注每个学生的特点和需求，提供个性化的学习体验和支持。教师可以采用不同的教学方法和资源，根据学生的学习风格和能力水平，进行差异化教学和个别辅导，以促进每个学生的全面发展。

（二）引入新的技术工具

教育新常态借助信息技术的发展，提供了更多创新的教学工具和资源。教学设计可以充分利用各种教育技术工具，如在线学习平台、教育应用程序、虚拟实验室等，以增强学生的学习参与度和兴趣，提供更丰富的学习体验。同时，教师还可以利用技术工具进行教学内容的呈现和展示，促进学生的互动和合作。

（三）强调跨学科和综合能力培养

教育新常态注重培养学生的综合能力和跨学科的思维。教学设计需要将不同学科的知识和技能进行整合，创设跨学科的学习场景和任务，帮助学生理解和应用知识，培养解决问题的能力和综合思维能力。教师可以设计综合性的项目和任务，引导学生进行跨学科的研究和合作，培养学生的创新能力和综合素养。

（四）强调实践和应用导向

教育新常态倡导将学习与实践相结合，注重学生实际应用的能力培养。教学设计需要设置真实的情境和问题，引导学生进行实践和探究。教师可以设计项目式学习、案例分析、实践任务等教学活动，使学生能够将所学知识和技能应用于实际情境中，培养学生解决问题能力和创新能力。

（五）强调自主学习和合作学习

教育新常态鼓励学生主动参与和自主学习。教学设计需要提供自主学习的机会，并为其提供支持，培养学生的学习能力和学习策略。同时，合作学习也成为教学设计的重要组成部分，学生与他人交流、分享和合作，共同构建知识和解决问题。教师可以设计小组合作活动、讨论和团队项目，培养学生的团队合作和沟通能力。

教育新常态对教学设计产生了广泛而深远的影响。教师需要关注学生的个性化需求，充分利用新的技术工具，培养学生的跨学科和综合能力，注重实践和应用导向，鼓励自主学习和合作学习。通过合理的教学设计，教师可以更好地适应教育新常态的要求和变化，提供更有效和有意义的学习体验，促进学生的全面发展。同时，教学设计也需要与时俱进，不断反思和调整，以适应教育新常态的发展和变化。

第二节　外语课程开发的原则与方法

一、外语课程开发的基本原则和方法

（一）学生中心的原则和方法

学生中心的原则和方法是一种以学生为中心的教学理念，将学生的需求、兴趣和能力放在教学的核心位置，通过个性化教学和有效的反馈机制，促进学生的主动学习和全面发展。

1. 理解学生需求

学生的背景、兴趣、学习目标和能力水平各不相同。在教学设计中，教师需要通过调研、问卷调查、个别谈话等方式，全面了解学生的需求和期望。包括学生的语言水平、学习风格、文化背景、学习目标和兴趣爱好等。理解学生需求有助于教师根据学生的特点和需求进行差异化的教学设计，提供个性化的学习支持。

2. 个性化教学

个性化教学是根据学生的差异性和学习风格，针对每个学生的特点和需求设计教学活动和任务。教师可以根据学生的兴趣爱好、学习方式、学习节奏等因素，灵活地调整教学策略和教学资源。例如，通过提供不同的学习材料和资源、设置个性化的学习目标和挑战、给予适当的学习支持等，让学生在学习中发挥个人的潜能和优势。

3. 反馈和评估

及时地反馈和评估对于学生的学习至关重要。教师应该提供清晰和具体的反馈，帮助学生了解自己的学习进展和困难，并指导他们如何改进和提高。反馈可以是口头的，如口头评价和鼓励，也可以是书面的，如批改作业和评估表。此外，教师还可以通过课堂观察、问答互动、小组合作等方式进行实时地反馈和评估，了解学生的学习情况，及时调整教学策略和教学内容。

学生中心的原则和方法要求教师关注每个学生的发展和需求，激发学生的学习动机和兴趣，为学生提供个性化的学习支持。教师应该不断反思和改进自己的教学实践，根据学生的反馈和需求，调整教学策略和内容，为学生创造积极、有效的学习环境。这样的教学方法有助于提高学生的学习效果和成就感，培养学生的自主学习能力和终身学习的意识。

（二）任务型和项目化教学方法

任务型教学和项目化教学是两种注重学生主动参与和实际应用的教学方法，可以有效促进学生的学习动机、合作能力和问题解决能力的发展。

1. 任务型教学

任务型教学注重通过设计真实、有意义的任务来推动学生的学习。任务可以是在特定情境下完成的实际活动，要求学生使用语言技能来解决问题、完成任务。这种教学方法可以使学生更好地将学习的知识和技能应用于实际情境中，培养他们的语言实际运用能力。任务型教学的基本原则和方法包括：

（1）任务明确：教师明确任务的目标、要求和期望，让学生清楚知道他们需要完成什么任务。

（2）情境导入：通过创设真实的情境，激发学生的兴趣和动机，使任务更有意义。

（3）合作学习：鼓励学生进行小组或团队合作，互相交流和协作解决任务，促进学生的合作能力和交际能力的发展。

（4）反馈和评价：及时给予学生反馈，帮助他们改进和提高，鼓励他们反思自己的学习过程和成果。

2. 项目化教学

项目化教学是通过组织学生参与项目来促进他们的学习和发展。项目可以是学术研究项目、文化展示、社会实践等，要求学生在一定的时间内合作完成一个综合性的任务或产品。项目化教学的基本原则和方法包括：

（1）项目设计：教师为学生设计具有挑战性和探索性的项目任务，让学生在项目中能够充分发挥自己的创造力和解决问题的能力。

（2）学生参与：学生在项目中扮演积极的角色，负责项目的规划、执行和评估，培养学生的自主学习能力和领导能力。

（3）资源整合：学生需要整合各种资源，包括图书馆资料、互联网资源、实地考察等，培养他们获取和利用信息的能力。

（4）展示成果：学生通过展示项目成果，如展览、演讲、报告等，提高他们的表达能力和自信心，同时也加强了学生之间的交流和合作。

任务型教学和项目化教学都强调学生的积极参与和实际应用能力的培养。通过这些教学方法，学生不仅可以在学习中更好地理解和运用所学的知识和技能，还可以培养合作能力、解决问题的能力及创新思维能力，更好地应对现实生活中的挑战和需求。

（三）文化融入和跨文化教学方法

文化融入和跨文化教学方法是外语教学中重要的教学方法，它们旨在帮助学生理解和尊重不同文化之间的差异，培养学生的文化意识和跨文化交际能力。

1. 文化融入

文化融入指将文化元素融入课程设计和教学活动中，以增强学生对外语所涉及文化的理解和体验。以下是文化融入的基本原则和方法：

（1）文化内容融入：将与所学语言相关的文化内容纳入教学中，如民俗、音乐、文学作品等。通过学习这些文化内容，学生可以更深入地理解语言与文化之间的联系。

（2）虚拟文化体验：通过虚拟体验、角色扮演或模拟活动，让学生亲身感受不同文化背景下的生活方式和价值观。例如，学生可以模拟参加节日庆祝活动或进行文化交流场景的角色扮演。

（3）反思和讨论：鼓励学生对所学的文化内容进行反思和讨论，提出问题、分享观点，促进学生对文化的思考和理解。

2. 跨文化教学

跨文化教学是通过比较和对比不同文化之间的语言和社会习俗，帮助学生理解和尊重不同文化的差异，提高跨文化交际的能力。以下是跨文化教学的基本原则和方法：

（1）比较与对比：将目标文化与学生所熟悉的文化进行比较与对比，探讨其差异和共同之处。通过对比分析，学生可以更好地理解和接受其他文化的不同观念和行为方式。

（2）文化冲突与解决：引导学生分析和解决跨文化交际中可能出现的文化冲突。通过案例分析、角色扮演等活动，培养学生解决问题的能力和沟通的能力。

（3）跨文化意识培养：培养学生的跨文化敏感性和尊重他人文化的态度。通过开展跨文化交流活动、观看跨文化电影、讲解文化背景等方式，拓宽学生的视野，增强他们对多元文化的包容性。

文化融入和跨文化教学方法在外语教学中的重要性不可忽视。它们能够帮助学生超越语言表面，深入理解不同文化的背景、价值观和习俗，从而提高学生的跨文化交际能力和文化适应能力。通过这些方法的应用，学生能够更好地应对多元文化社会的挑战，建立尊重和包容的国际视野。

二、教育新常态下外语课程开发的创新策略

在教育新常态下，外语课程开发需要采取创新策略，以适应新的教育需求和变化的学习环境。

（一）推行项目化学习

将项目化学习融入外语课程中，以学生为中心，通过探究和解决真实问题的项目，促进对学生主动学习和实践能力的培养。项目化学习能够激发学生的创造力和团队合作精神，提高学生的综合能力。

1. 确定项目目标和主题

在项目化学习中，教师首先需要确定项目的目标和主题。目标可以使学生掌握特定的语言技能、了解特定的文化背景或解决实际问题等。主题可以与学生的兴趣和现实生活紧密相关，激发学生的学习兴趣和动力。

2. 设计项目任务和学习活动

基于项目目标和主题，教师设计项目任务和学习活动，使学生能够通过自主探究和合作方式解决问题。项目任务应具有明确的要求和步骤，同时提供适当的支持和指导，以帮助学生逐步完成任务。学习活动可以包括讨论、实地调研、文献阅读、合作研究等，以提供丰富的学习资源和经验。

3. 提供支持和指导

在项目化学习过程中，教师扮演着支持者和指导者的角色。教师应提供必要的背景知识和技能培训，指导学生在项目中合理安排时间、选择合适的资源、展开调查研究等。同时，教师还应为学生提供反馈和评估，帮助他们不断改进和提高。

4. 培养合作与沟通能力

项目化学习强调学生之间的合作与沟通。教师可以组织学生分组合作，通过小组讨论、角色扮演、团队报告等形式培养学生的合作能力和团队精神。同时，教师还应提供相关的沟通技巧和工具，帮助学生有效地进行交流和协作。

5. 评估和总结项目成果

项目化学习的最终目标是学生的学习成果。教师可以通过展示、报告、作品展示等方式评估学生的项目成果，并为学生提供及时的反馈和建议。此外，教师还可以组织学生进行项目总结和反思，帮助他们总结经验教训，提高自我学习能力。

项目化学习的优势在于激发学生的主动性和创造性，提高学生的综合能力和解决问题的能力。通过项目化学习，学生可以在实际问题中应用所学的外语知识和技能，提高语言实际应用能力。此外，项目化学习还能够培养学生的团队合作能力、自主学习能力和解决问题的能力，为学生未来的学习和职业发展打下坚实的基础。

（二）引入游戏化元素

将游戏化的教学方法融入外语课程设计，以游戏的方式激发学生的学习兴趣和参与度。通过游戏化的学习活动，可以提高学生的动手能力、解决问题的能力和语言运用能力。

1. 游戏化教学设计原则

（1）设定明确的目标和规则：游戏中明确的目标和规则可以帮助学生明确学习目标并了解期望的行为准则。

（2）提供实时反馈和奖励：及时的反馈和奖励可以增加学生的参与度和动机，激发学生的积极性。

（3）设计多样化的挑战和关卡：逐步增加关卡和挑战的难度可以激发学生的学习兴

趣，并提供适应不同学生能力的机会。

（4）强调竞争与合作：适当的竞争和合作元素可以激发学生的竞争意识和合作精神，培养团队合作能力。

2. 游戏化教学方法

（1）游戏化学习任务：设计与课程目标相关的游戏化学习任务，例如，角色扮演、情景模拟、解谜游戏等，让学生在游戏中体验语言的实际运用和应用。

（2）闯关和级别设计：将学习内容划分为不同的关卡和级别，学生通过逐步完成任务和解决问题来提升，激发学生的学习兴趣和动力。

（3）虚拟奖励和积分系统：通过设立虚拟奖励和积分系统，奖励学生在学习过程中的积极表现和成绩，增强学生的参与度和学习动机。

（4）学习角色扮演：让学生扮演特定的角色，例如，导游、商务人士等，在情境中运用外语进行交流，提高语言实际运用能力。

3. 游戏化教学实践

（1）创造游戏化学习环境：教师可以使用在线学习平台、教育应用程序或在线游戏等工具，为学生提供一个游戏化学习的环境。

（2）设计游戏化学习任务：教师可以根据学习内容和学生的兴趣设计具有挑战性和趣味性的游戏化学习任务，激发学生的学习动机。

（3）提供及时的反馈和奖励：教师应及时给予学生反馈和奖励，鼓励学生参与，激发他们的学习兴趣和积极性。

（4）结合实际情境和问题：教师可以设计与现实生活相关的情境和问题，让学生在游戏中运用外语解决实际问题，增强语言实际应用能力。

（三）强调社会实践

通过社会实践活动，让学生将所学外语运用到实际生活中，培养学生的实际应用能力和社会责任感。社会实践活动可以包括参观文化场所、与外国人交流等，帮助学生将所学语言技能与实际情境相结合。

1. 活动策划与组织

（1）确定实践主题：教师根据课程目标和学生的兴趣确定社会实践活动的主题，如文化交流、环境保护、社区服务等。

（2）寻找合作伙伴：教师可以与当地的文化机构、社区组织或外国人交流团体建立合作关系，为学生提供实践机会和资源支持。

（3）安排实践活动：教师组织学生参观文化场所、进行实地调研、参与志愿活动等，让学生亲身体验和参与。

2. 学生参与反思

（1）实践参与：学生积极参与实践活动，运用所学外语与相关人士进行交流，拓宽语言运用的实际范围。

（2）实践反思：学生在实践活动后进行反思，回顾自己的学习和交流经验，分析问题和提出改进意见，加深对语言实际应用的理解。

3. 教师指导与评估

（1）实践指导：教师在实践活动前提供相关背景知识和语言技能培训，指导学生如何有效地运用外语与他人交流。

（2）实践评估：教师通过观察、记录和反馈评估学生的实践表现，评估学生在实践活动中的语言运用能力和跨文化交际能力。

4. 结合课堂教学

（1）课前准备：教师在课堂上引入相关主题和背景知识，提供语言技能和文化意识的培训，为实践活动做好准备。

（2）实践反馈：学生在实践活动后与教师和同学分享交流经验，讨论遇到的问题和解决方案，从中学习和成长。

通过强调社会实践，学生能够将所学外语技能应用到实际情境中，加深对语言的理解和掌握。社会实践活动不仅能够提高学生的实际应用能力，还能培养学生的社会责任感和跨文化交际能力，使学生更好地适应多样化的社会环境。同时，社会实践活动也提供了丰富的学习资源和经验，增加了学生的学习动机和兴趣。教师在实践活动中起着指导和引导的作用，帮助学生融入实际社会，发展自己的能力和素养。

（四）引入个性化学习

根据学生的差异性和学习需求，提供个性化的学习支持和资源。通过个性化学习的方式，可以更好地满足学生的学习需求，激发学生的学习兴趣和动力。

1. 学生识别与评估

（1）学生差异性识别：教师通过观察、问卷调查、个别访谈等方式，了解学生的学习风格、兴趣爱好、学习需求和能力水平等差异。

（2）学生评估：教师运用多种评估方法，例如，课堂观察、作业评价、学习档案等，了解学生的学习进展和个性化需求，为个性化教学提供依据。

2. 个性化学习计划

（1）学习目标设定：教师与学生共同制定学习目标，根据学生的学习需求和兴趣，确定个性化的学习目标和重点。

（2）学习资源选择：教师为学生提供多样化的学习资源，包括教材、多媒体资料、在线课程等，以满足不同学生的学习风格和需求。

3. 差异化教学策略

（1）分层教学：根据学生的学习水平和能力，将学生分组进行教学，提供符合不同层次的教学内容和任务，使每个学生能够在适宜的学习环境中发展。

（2）差异化教学活动：设计不同层次和类型的教学活动，以满足学生的个性化需求，包括小组合作、探究式学习、个人项目等，激发学生的积极参与性和自主学习能力。

4.个性化学习支持

（1）学习反馈和评价：教师及时提供学习反馈和评价，帮助学生了解自己的学习进展和需要改进的方面，以促进学生的自我调整和提高。

（2）学习辅导和指导：教师为学生提供个性化的学习辅导和指导，根据学生的学习需求和困难，提供个别化的学习支持和建议。

5.学习反思和目标调整

（1）学习反思：鼓励学生定期进行学习反思，了解自己的学习方式、策略和成果，发现自己的优势和改进方向。

（2）目标调整：学生根据学习反思和教师的指导，调整和修订自己的学习目标，建立个人化的学习计划和进展追踪。

通过引入个性化学习，教师能够更好地了解学生的学习需求和差异，从而提供个性化的学习支持和指导。学生能够根据自身的兴趣和学习风格，自主选择学习资源和活动，提高学习动机和效果。

这些创新策略能够提高外语课程的吸引力和教育效果，促进学生的主动学习和创造性思维。同时，创新策略也需要教师具备相应的教学技能和专业知识，以确保课程设计的质量和实施的有效性。通过外语课程开发的创新，可以更好地满足学生的学习需求，培养他们的综合能力和适应未来社会发展的能力。

第三节　创新教学设计的策略与实践

一、教育新常态下创新教学设计的重要性和意义

创新教学设计对于提高教学效果、培养学生的综合能力和适应未来发展具有重要意义。教师需要不断探索和尝试创新的教学方法和策略，以适应教育新常态的要求，并为学生的全面发展和未来的成功做出积极的贡献。

（一）适应变化的学习环境

在教育新常态下，学习环境和学生需求发生了变化，创新教学设计可以帮助教师适应这些变化，提供更符合学生需求和学习方式的教学方案。

（二）激发学生的学习兴趣和动机

创新教学设计注重学生参与、合作和实践，能够激发学生的学习兴趣和动机，提高他们学习的积极性和主动性。

（三）培养创新思维和能力

创新教学设计鼓励学生进行探究、解决问题和创造，培养学生的创新思维和创造能力，使其具备面对未知问题的能力。

（四）跨学科和综合能力培养

创新教学设计鼓励学科间的融合和跨学科学习，培养学生的综合能力，使他们具备处理复杂问题的能力。

（五）促进创新教育改革

创新教学设计可以促进教育改革的进行，推动教育理念、教学方法和评价体系的创新和发展。

（六）适应未来发展需求

在教育新常态下，社会和职业发展需求不断变化，创新教学设计可以培养学生的适应能力和终身学习能力，使他们能够应对未来的挑战。

二、创新教学设计的策略与实践

（一）教学目标的重新思考

重新审视教学目标，将传统的知识传授和记忆为主的目标转变为注重学生能力和素养培养的目标。强调培养学生的创新思维、批判性思维、合作能力等 21 世纪核心素养。

（二）基于问题和项目的学习

采用基于问题和项目的学习方法，通过引入真实的问题和情境，激发学生的学习兴趣和动机。学生在解决问题或完成项目的过程中，积极参与、合作学习，并综合运用所学知识和技能。

（三）利用技术和数字资源

充分利用现代技术和数字资源，结合多媒体、在线学习平台等工具，创造丰富多样的学习环境和资源。例如，利用虚拟实验室、网络资源和在线协作工具等，拓宽学生的学习途径和方式。

（四）翻转课堂

采用翻转课堂的教学模式，将传统的知识传授部分转移到课前自学，课堂时间用于讨论、探究和实践。学生在课前通过预习资料或视频进行学习，课堂上与教师和同学互动，共同解决问题、讨论案例，深入掌握和应用知识。

（五）学习评估的多样化

采用多样化的评估方法，注重对学生的综合能力、创新能力和合作能力的评价。除了传统的考试和测验外，还可以采用项目展示、作品评价、口头表达等方式来评估学生的学习成果和能力。

（六）合作学习和小组活动

鼓励学生进行合作学习和小组活动，通过小组讨论、合作项目等形式，培养学生团队合作、沟通和领导能力。学生在合作中互相学习、分享经验，促进彼此的学习和成长。

（七）学生参与和自主学习

鼓励学生参与到课堂讨论、决策和问题解决的过程中，培养学生自主学习能力和自主思考能力。教师可以成为学生学习的引导者和指导者，激发学生的学习热情和创造力。

（八）反思和调整

教师要不断反思自己的教学实践，根据学生的反馈和表现，及时调整教学策略和方法。教师可以通过教学日志、同行观摩和互动交流等方式，不断提升自身的教学能力和创新意识。

通过以上策略和实践，教师可以创新教学设计，提供更具挑战性、参与性和个性化的学习体验，激发学生的学习兴趣和积极性，促进学生的综合能力和创新能力的发展。同时，教师也需要与同行进行合作和交流，共同探索适应教育新常态的创新教学设计方法和经验。

三、创新教学设计的策略和方法

在教育新常态下，学生需求多样化，包括信息技术广泛应用、跨文化交流需求增加等，外语教师需要根据新常态的特点来设计创新教学。通过调研、问卷调查等方式，了解学生的学习兴趣、学习方式和学习目标，为教学设计提供依据。

（一）学生参与式教学策略和方法

在教育新常态下，这种教学方法变得尤为重要，因为它能够激发学生的学习兴趣、提高学习效果，并培养学生的综合能力。

1. 任务型教学

任务型教学是以任务为导向的教学方法，要求学生通过解决实际问题或完成具体任务实践语言技能。这种教学方法注重学生的实际应用能力，激发学生的学习兴趣和动力。教师可以设计各种真实且有意义的任务，例如，组织学生进行实地调查、参加模拟会议、制作海报或展示等。任务型教学通过培养学生的解决问题和合作能力，提高学生的语言实际应用能力。

2. 小组合作学习

小组合作学习是一种以小组为单位的学习方式，通过小组成员之间的互动和合作共同完成学习任务。学生可以在小组中互相交流、讨论和合作，分享观点、解决问题和完成任务。这种学习方式能够激发学生的团队合作精神、互助意识和社交技能，培养学生的沟通和合作能力。

3. 角色扮演

角色扮演是一种通过模拟特定情境和角色进行语言表达和交流的教学方法。学生可以扮演不同角色，如旅行者、商人、政府官员等，在模拟情境中使用外语进行交流和表达。这种方法帮助学生更好地运用语言技能，增强语言的实际应用能力。同时，角色扮演也可以培养学生的情感态度和跨文化交际能力，使学生更好地理解和适应不同文化之间的差异。

以上策略和方法的共同特点是强调学生的主动参与和实践能力培养。通过这些策略和方法，外语教师可以引导学生积极参与课堂活动，增强学生的学习动机和兴趣，培养学生的语言技能和综合能力。此外，教师还可以结合具体的教学内容和学生的需求，灵活运用这些策略和方法，创造出丰富多样的学习环境，推动学生的全面发展。

（二）技术工具在教学中的应用

在教育新常态下，技术工具在教学中的应用变得越来越重要。它们不仅可以提高教学的质量和效率，还可以创造丰富多样的学习环境，提供个性化和互动性的学习体验。

1. 在线学习平台

在线学习平台是一种基于互联网的教学平台，可以提供在线课程、教学资源和学习工具。教师可以借助在线学习平台搭建虚拟课堂，通过上传课件、分享学习资料、发布作业等功能进行教学。学生可以在平台上进行学习、提交作业、参与讨论等活动，实现教学内容的在线交流和互动。

2. 多媒体资源

多媒体资源包括视频、音频、图像等形式的教学素材。教师可以利用多媒体资源丰富教学内容和形式，通过展示精彩的视频片段、播放有趣的音频剪辑、展示生动的图像等方式激发学生的学习兴趣和注意力。多媒体资源可以使教学更加生动有趣，有助于学生更好地理解和记忆教学内容。

3. 远程教学技术

远程教学技术是指利用视频会议、远程授课等方式实现教学的远程传输。教师可以通过远程教学技术与其他学校或国际合作伙伴进行跨地域的交流和合作。通过远程教学技术，学生可以参与来自不同地区或国家的课程、讲座和研讨会，扩大学生的学习视野和跨文化交流机会。这种方式可以打破时空限制，促进全球教育合作与交流。

4. 教学管理系统

教学管理系统是一种用于管理和组织教学过程的软件工具。它可以帮助教师管理课程信息、学生成绩和考勤记录，以及与学生和家长进行沟通和反馈。教学管理系统可以提高教学的效率和准确性，方便教师和学生之间的信息交流和沟通。

5. 虚拟实验室和模拟软件

虚拟实验室和模拟软件是一种模拟真实实验和实践的技术工具。教师可以利用虚拟实验室和模拟软件为学生提供实验和实践的机会，使学生在虚拟环境中进行实验操作和解决问题，提高学生的实践能力和科学思维。

技术工具在教育新常态下具有重要的应用价值。教师可以利用在线学习平台、多媒体资源、远程教学技术、教学管理系统、虚拟实验室和模拟软件等工具来增强教学效果、提供个性化学习体验和拓展学习资源。这些工具的应用不仅可以提高学生的学习兴趣和参与度，还可以促进教学的灵活性和创新性。然而，教师在使用技术工具时也需要考虑教学目标、学生需求和教学环境，以确保技术工具的有效应用和教学效果的提升。

（三）个性化学习和评估

个性化学习注重根据学生的差异性和学习需求，提供个性化的学习任务、资源和评估方式，以满足学生的学习兴趣和能力发展。

1. 学习任务的灵活性

（1）提供多样化的学习任务和项目，允许学生根据自身的学习需求和兴趣选择适合自己的学习内容和方式。

（2）设计开放性的学习任务，鼓励学生在自主学习的过程中提出问题、进行探索和深入学习，培养学生的主动学习能力和自主解决问题的能力。

2. 学习资源的个性化定制

（1）根据学生的不同学习水平和需求，提供个性化的学习资源和辅助材料，包括教材、课件、练习题等，以帮助学生更好地理解和应用外语知识。

（2）利用在线学习平台和教育科技工具，个性化定制学习资源，根据学生的学习数据和反馈，推荐适合其学习需求和进度的内容。

3. 个性化评估和反馈

（1）采用多样化的评估方式，包括书面作业、项目展示、口语表达、个人报告等，以适应学生不同的学习特点和表达方式。

（2）针对学生的个体差异，给予个性化的评估和反馈，关注学生的优势和成长点，帮助学生发现和改进自己的学习问题。

（3）利用技术工具和在线平台，实时监测学生的学习进度和表现，提供及时的反馈和建议，引导学生调整学习策略和方法。

4. 学习跟踪和个性化指导

（1）建立学生档案，记录学生的学习成绩、学习历程和个人发展计划，用于学习跟踪和个性化指导。

（2）与学生进行个别面谈，了解学生的学习目标、困惑和需求，为学生制订个性化的学习计划和目标，并提供相应的指导和支持。

（3）鼓励学生自主反思和评价自己的学习过程和学习成果，培养学生的自我认知和学习能力。

个性化学习和评估的意义在于将学生作为学习过程的中心，关注和尊重学生的个体差异，促进学生的积极参与和主动学习。通过个性化学习和评估，教师能够更好地满足学生的学习需求，激发学生的学习动机和学习兴趣，提高学生的学习效果和学习成就。此外，个性化学习和评估还有助于培养学生的自主学习能力、批判性思维能力和解决问题的能力，使学生在学习过程中能够更好地发展自己的潜能和个性特点。因此，在教育新常态下外语教师应重视个性化学习和评估的策略和方法，并将其融入教学设计和实践中，以提升教学效果和满足学生的个体发展需求。

以上策略和方法旨在引导外语教师在教育新常态下进行创新教学设计，提高教学效果和学生的综合能力。教师应根据学科特点、学生需求和教学环境，灵活运用这些策略和方法，并不断进行反思和改进，与同行进行经验分享和合作，共同推动外语教育的创新与发展。

第九章　多元评价与教师绩效考核

第一节　教师绩效考核的重要性与目的

一、教师绩效考核在教育新常态下的作用和意义

（一）教师个人发展和职业成长

在教育新常态下，高校外语教师的绩效考核对其个人发展和职业成长具有重要的作用和意义。

1. 促进教师专业发展

绩效考核为外语教师提供了自我评估和专业发展的机会。通过绩效考核，教师可以对自己的教学进行全面地审视和反思，发现教学中存在的问题和不足之处。基于这些反思，教师可以制订相应的改进计划，并通过专业培训、研讨会、学术交流等途径，不断提升自己的教学水平和专业素养。绩效考核激励教师不断探索创新的教学方法和策略，提高教学效果和学生学习成果。

2. 个性化发展和成长

绩效考核可以根据教师的个人特点和需求制订个性化的发展计划。每位教师的教学风格、兴趣和能力都有所不同，因此绩效考核应该充分考虑教师的个体差异。通过绩效考核，学校和教师可以共同探讨教师的专业兴趣和特长，并为教师提供相应的培训和支持。这种个性化的发展和成长能够帮助教师更好地发挥自己的优势，充分展示个人的专业特长和潜力。

3. 职业晋升和激励机制

绩效考核结果对教师的职业晋升和激励具有重要的影响。在教育新常态下，学校越来越重视教师的教学质量和学术水平，因此绩效考核结果成为评价教师绩效的重要依据。优秀的绩效考核结果能够为教师的职业晋升提供有力的支持，如晋升为高级教师、教学团队的核心成员等。此外，绩效考核结果还可以作为教师激励的重要依据，如奖励、薪酬调整、专业发展机会等。这些晋升和激励机制激励教师积极投入工作，提高教学质量和学术研究成果。

绩效考核在教育新常态下对高校外语教师的个人发展和职业成长具有重要的推动作用。它为教师提供了自我评估和专业发展的机会，促进教师不断提高教学水平和专业素养。同时，绩效考核还提供个性化的发展和成长机制，充分发挥教师的个人特点和潜力。此外，绩效考核结果对教师的职业晋升和激励起到重要的引导作用，为教师的职业发展提供了有力的支持和动力。因此，在教育新常态下，高校外语教师应重视绩效考核，积极参与其中，以促进个人的专业发展和职业成长，为学校的发展做出贡献。

（二）教育教学质量保障和提升

教育教学质量保障和提升是高校教育中的重要任务，而绩效考核在其中扮演着关键的角色。

1. 教学质量评估

绩效考核作为一种评估教师教学效果和学生学习成果的手段，为高校提供了一个全面评估教学质量的机制。通过绩效考核，可以对教师的教学质量进行客观的评价和监控，发现教学中的问题和不足之处。这些评估结果可以为高校制订教学改进计划和提供教学指导，推动教学质量持续提升。同时，学生的反馈和评价也是绩效考核的重要组成部分，通过听取学生的意见和建议，可以及时调整教学策略和方法，更好地满足学生的学习需求。

2. 课程优化和创新

绩效考核不仅可以评估教师的教学效果，还可以促进课程内容和教学方法的优化和创新。通过绩效考核，教师可以发现自身教学中存在的问题和不足，针对性地进行改进和创新。教师可以探索新的教学策略和方法，借鉴教育研究和最佳实践，通过不断改进教学内容和教学设计，提升教学效果和学生满意度。绩效考核还可以鼓励教师参与课程开发和教材编写工作，推动课程的持续更新和创新，使其更加符合学生的学习需求和现代教育的要求。

3. 师资队伍建设

绩效考核对于高校师资队伍的建设具有重要意义。通过绩效考核，可以发现和培养优秀的外语教师，提高整体教师队伍的质量和能力。学校可以根据绩效考核结果，为教师提供专业培训和发展机会，促进其专业知识和教学技能的提升。绩效考核还可以激励教师积极投入工作，不断提升自身的教学水平和研究能力。通过持续的师资队伍建设，学校能够提供更好的教学资源和支持，从而提高教学质量和学生的学习成果。

总之，绩效考核在教育教学质量保障和提升中具有重要的作用和意义。它通过评估教师的教学效果和学生的学习成果，为高校提供教学质量的评估和监控机制。同时，绩效考核还可以促进课程优化和创新，推动教学策略和方法的改进。此外，绩效考核对于师资队伍的建设也具有重要作用，通过发现和培养优秀的教师，提高整体教师队伍的质量和能力。因此，在教育新常态下，高校应重视绩效考核，建立科学的评价体系，通过持续的评估和改进，提升教学质量，为学生提供优质的教育教学环境。

（三）学校管理和发展

学校管理和发展是教育系统中至关重要的方面，而绩效考核在其中扮演着重要的角色。

1. 资源分配和管理

绩效考核的结果可以作为学校资源分配和管理的重要依据。根据教师的绩效水平和贡献程度，学校可以合理分配教学资源、研究经费和奖励措施，以激励和回报教师的优秀表现。通过将资源分配与绩效挂钩，学校能够更加高效地利用有限的资源，提升教学和研究的质量。同时，绩效考核也可以帮助学校发现资源分配的不平衡和优化机会，进一步提升资源的有效配置和管理水平。

2. 学校形象和竞争力

教师的绩效考核结果直接关系到学校的声誉和竞争力。高水平的外语教师队伍将提升学校的整体形象，展现学校在外语教学和研究领域的实力和优势。学校在教师绩效考核上取得良好成绩，将增强学校的吸引力，吸引更多优秀的教师加入，并吸引更多优秀的学生报读。优秀的教师队伍和声誉将为学校赢得良好的口碑和社会认可度，提升学校的竞争力和地位。

3. 教学质量保证体系

绩效考核是构建教学质量保证体系的重要组成部分。通过规范的绩效考核机制，学校可以对教师的教学能力和学术水平进行全面评估和监控。这有助于确保教学质量的稳定和持续改进。绩效考核可以发现教学中的问题和不足，促使教师进行自我反思和专业发展，通过提供针对性的培训和支持，帮助教师不断提升教学效果。同时，绩效考核结果也可以为学校制订教学改进计划和提供教学指导，推动教学质量的提升和持续改进。

绩效考核在学校管理和发展中起到重要的作用和意义。它可以帮助学校合理分配和管理教学资源，提高资源利用效率；提升学校的整体形象和竞争力，吸引优秀的教师和学生；构建教学质量保证体系，确保教学质量的稳定和持续改进。因此，在教育新常态下，学校应重视绩效考核的实施，并建立科学的评价机制，通过绩效考核促进学校管理和发展，为学生提供优质的教育环境和教学服务。

绩效考核在教育新常态下对高校外语教师的作用和意义不可忽视。它不仅有助于教师个人的发展和职业成长，也是保障和提升教育教学质量的有效手段。同时，绩效考核还为学校的管理和发展提供了重要支撑，有利于资源的合理分配和学校形象的提升。因此，在教育新常态下，高校外语教师应重视绩效考核，并积极参与其中，以促进自身的专业发展和教学质量的提升，为学校的发展做出贡献。

二、教师绩效考核的目标和要求

在教育新常态下，高校外语教师绩效考核的目标是确保教学质量的稳定和提升，促进教师的专业发展和成长，推动学校的整体发展。绩效考核的要求是全面、公正、科学、可操作。

（一）全面性

绩效考核应涵盖教师的教学、科研、师德、管理等方面的表现。它应考量教师在教学过程中的教学设计、教学方法、学生评价等方面的表现，同时也要考虑教师的科研成果、学术交流、教材编写等方面的贡献，以及教师在师德师风和学校管理方面的表现。

1. 教学方面

教学是外语教师最重要的职责之一。绩效考核应考量教师在教学过程中的教学设计、教学方法、学生评价等方面的表现。教师应能够制订合理的教学目标和教学计划，设计富有挑战性和启发性的教学活动，灵活运用多种教学方法和教具，培养学生的语言能力和学习策略，并能够根据学生的不同需求和能力差异进行个性化教学。

2. 科研方面

科研是外语教师提升自身学术水平和专业能力的重要途径。绩效考核应考虑教师在科研方面的表现，包括科研项目的申请和执行情况、发表的学术论文、参与的学术会议和研讨会等。教师应能够积极参与科研活动，不断更新自身的学术知识和教学方法，推动学科的发展和创新。

3. 师德方面

教师的师德师风是绩效考核的重要内容之一。教师应具备良好的职业道德和职业操守，秉持正确的教育理念和教学伦理，尊重学生的个性和需求，注重教学的公平公正。教师还应能够与学生和家长建立良好的沟通和合作关系，关注学生的全面发展，倡导诚信、友善和尊重。

4. 管理方面

外语教师在学校管理方面也应有一定的表现。绩效考核可考察教师在教研组织、课程管理、班级管理等方面的能力和贡献。教师应积极参与学校的教学管理工作，为学校的教学改革和发展提供建设性意见和建议。

总之，全面性是高校外语教师绩效考核的重要原则，要求考核过程中综合考虑教师在教学、科研、师德和管理等方面的表现。通过全面性的绩效考核，学校可以全面评估和任课教师的绩效水平和贡献程度，为教师提供个性化的发展计划和支持，推动教师的专业成长和提升，进一步提高外语教育的质量和效果。同时，全面性的绩效考核也有助于建立科学公正的评价体系，促进学校的整体发展和提升。

（二）公正性

绩效考核应建立公正的评价机制，确保评价过程和评价标准的透明性和公正性。评价标准应明确、客观、可操作，避免主观性和随意性的评价，确保每位教师都能在公平的评价标准下接受绩效考核。

1. 清晰明确的评价标准

制定明确的评价标准，对教师的教学、科研、师德和管理等方面的表现进行明确而具体的描述。评价标准应该符合教育教学的原则和要求，具备可操作性，避免模糊和主观性的表述，确保评价的客观性和公正性。

2. 透明公开的评价程序

确保绩效考核的评价程序透明、公开，并且所有参与者都能了解评价的过程和要求。教师应清楚了解评价的时间安排、评价标准和评价方式，以便在评价过程中做好准备和展示自己的能力。

3. 多维度的评价指标

采用多维度的评价指标，综合考虑教师在不同方面的表现，避免单一指标对教师绩效地片面评价。绩效考核可以结合定量和定性的评价方法，包括学生评价、同行评价、自我评价等，形成多角度的评估结果。

4. 公正的评价者选择

确保评价者的选择公正合理，评价者应具备相应的专业能力和经验，能够客观、公正地评价教师的绩效。评价者应遵守职业道德和伦理，对教师的表现进行客观公正的评判。

5. 反馈和申诉机制

建立有效的反馈和申诉机制，让教师能够对评价结果提出意见和建议，并有权申诉。学校应及时处理教师的反馈和申诉，确保评价结果的公正性和可信度。

绩效考核的公正性是保障教师权益、激励教师积极性、促进教师成长的重要保障。只有在公正的评价机制下，教师才能真实地展现自己的专业能力和贡献，得到公正的评价和认可。同时，公正的绩效考核也能够增强学校和教师之间的信任和合作关系，推动学校的发展和提升。因此，高校外语教师绩效考核应始终坚持公正性原则，确保评价过程的公正、公平和客观，为教师的个人发展和学校的整体发展提供坚实的保障。

（三）科学性

绩效考核应基于科学的教育教学理论和方法，充分考虑教师在学科知识、教学技能、教学设计、教学效果等方面的要求。评价指标应符合学科特点和教学目标，能够客观地反映教师在教学过程中的能力和表现。

1. 基于教育教学理论和方法

绩效考核应基于科学的教育教学理论和方法，如构建主体性学习、启发式学习、协作学习等。这些理论和方法已被研究证明在外语教学中具有积极的效果。评价指标应与这些理论和方法相一致，确保评价的科学性和准确性。

2. 符合学科特点和教学目标

评价指标应根据外语学科的特点和教学目标进行设计。外语教学的特点包括语言技能的培养、跨文化交际的能力、学习策略的培养等。评价指标应关注学生的语言运用能力、交际能力、学习策略的运用等，能够全面而准确地反映教师在教学过程中的能力和表现。

3. 客观性和可操作性

评价指标应具备客观性和可操作性，能够准确的衡量教师的教学能力和表现。评价指标应具体、明确，可以通过观察、问卷调查、学生作业等方式进行量化或定性评价，避免主观性评价和随意性判断。

4. 综合评价和多维度考量

绩效考核应采用综合评价的方式，综合考量教师在不同方面的表现。评价指标应涵盖教学设计、教学方法、学生参与度、学习成果等多个方面，全面了解教师在教学过程中的能力和贡献。

5. 数据分析和解释

评价结果应通过科学的数据分析和解释，确保评价结果的准确性和可靠性。评价数据应被合理地整理和分析，得出科学而有意义的结论。评价结果的解释应基于科学的教育教学理论和方法，为教师提供具体的改进意见和发展方向。

绩效考核的科学性是评价教师教学能力和提高教学质量的重要保证。只有基于科学的教育教学理论和方法，充分考虑教师在学科知识、教学技能、教学设计、教学效果等方面的要求，设计符合学科特点和教学目标的评价指标，才能准确评估教师在教学过程中的能力和表现。因此，在高校外语教师绩效考核中，科学性是必不可少的要求，旨在提高评价的准确性、公正性和有效性，促进教师个人发展和教学质量的提升。

（四）可操作性

绩效考核应设计合理的评价指标和评价流程，以便教师能够清晰地了解评价标准和评价要求，并能够根据评价结果进行改进和提升。评价过程应具有可操作性，能够帮助教师识别自身的教学优势和不足，并提供相应的发展和支持措施。

1. 清晰的评价指标和标准

评价指标和标准应具体明确，使教师能够理解并准确应用于自己的教学实践。指标和标准应涵盖关键的教学方面，如教学设计、教学方法、学生参与度、学习成果等，并提供明确的描述和标准，以便教师了解如何评估自己的表现。

2. 有效的评价工具和方法

为了使评价过程具有可操作性，应使用有效的评价工具和方法。这些工具可以包括教学观察记录、学生问卷调查、学习成果评估等。这些工具应具备清晰的指标和评分标准，以便教师能够准确了解自己在每个方面的表现，并为改进提供指导。

3. 及时地反馈和指导

评价过程应包括及时地反馈和指导机制，以帮助教师理解评价结果并采取适当的行动。反馈应具体、明确，并针对教师的教学优势和改进点提供具体建议和支持。指导可以包括个别辅导、专业发展培训、教学交流等形式，以帮助教师改善和提升教学能力。

4. 灵活地改进计划

评价过程应鼓励教师制订个人发展计划，并提供灵活的改进机会。教师应有机会参与专业发展培训、研讨会等活动，进一步提高自己的教学能力和知识水平。改进计划应根据教师的需求和目标进行制订，并与评价结果相结合，以实现个性化的教学改进和发展。

绩效考核的可操作性是确保评价过程对教师有实际意义和效果的关键。通过明确的评价指标和标准、有效的评价工具和方法、及时地反馈和指导，教师能够准确了解自己的教学表现，并采取相应的改进措施。同时，灵活地改进计划和个性化的支持措施能够帮助教师在教学实践中不断提升自己的教学能力和专业水平。因此，在高校外语教师绩效考核中，可操作性的设计是必不可少的要求，旨在帮助教师实现教学目标，提高教学质量，并促进个人的教学成长和职业发展。

绩效考核的目标和要求是为了提高外语教师的教学质量和教学水平，激励教师的专业发展和成长，推动学校整体发展。通过全面、公正、科学、可操作的绩效考核，学校可以评估任课教师的贡献，为教师提供个性化的发展计划和支持，促进教师的专业成长和提升。同时，它也有助于保障学校的教育质量，提高学生的学习效果和满意度。在教育新常态下，高校应该制定科学合理的绩效考核体系，为外语教师提供公平公正的评价机制，并借此推动高校外语教育的发展和进步。

第二节　多元评价方法的应用

一、多元评价方法在教师绩效考核中的应用

在教育新常态背景下，多元评价方法在高校外语教师绩效考核中的应用具有重要意义。多元评价方法可以更全面、客观地评估教师的教学能力和学生的学习成果，提供更准确、具体的反馈和指导，促进教师的专业发展和提高教学质量。

（一）评价方法的多元性

1. 学生评价

学生评价是多元评价方法中的重要组成部分。通过学生评价，教师可以了解学生对教学的感受、学习成果和教学效果。可以采用问卷调查、讨论小组、学生反馈等形式，评估教师的教学效果和学生满意度。

2. 同行评价

同行评价是指教师对其他教师进行评价和反馈。通过同行评价，教师可以分享经验、互相学习，并获得专业的建议和指导。可以通过教学观察、教学交流、教学反思等方式进行，以便教师之间相互学习和成长。

3. 自我评价

自我评价是教师对自己进行评价和反思的过程。教师可以通过自我评价检视自己的教学实践、教学效果和专业发展。可以帮助教师发现自己的教学优势和改进点，制订个人发展计划，并为进一步的专业发展提供指导。

4. 教学观察和记录

教学观察和记录是对教师教学过程进行客观记录和评估的方法。通过教学观察和记录，可以了解教师的教学行为、教学技巧和教学效果，评估教师的教学质量和能力。可以由专业人员、同行教师或教学督导等进行。

（二）评价指标的多样性

1. 教学设计和准备

评价教师的教学设计和准备情况，包括教案的设计、教学资源的准备和教学计划的制定。评价指标可以包括教学目标的明确性、教学内容的合理性和教学资源的充实性等。

2. 教学方法和策略

评价教师的教学方法和策略的多样性和适应性。评价指标可以包括教学方法的灵活性、教学策略的多样性和教学技巧的运用等。

3. 学生参与和互动

评价教师对学生参与和互动的引导和促进。评价指标可以包括学生参与度的高低、学生之间的互动和合作、学生对教学内容的理解和应用能力等。

4. 教学效果和学习成果

评价教师的教学效果和学生的学习成果。评价指标可以包括学生的学习表现、学习成绩的提高、学生对外语知识和技能的掌握程度等。

（三）评价结果的综合性和实用性

1. 综合评价结果

通过综合各种评价方法和指标的结果，得出全面的绩效评价结果。综合评价可以通过加权平均、综合评分等方式进行，以确保评价结果的全面性和客观性。

2. 反馈和指导

根据评价结果，提供针对性的反馈和指导。反馈和指导应具体明确，帮助教师认识到自身的优势和不足，并提供相应的发展和支持措施。

3. 制订个人发展计划

基于评价结果，教师可以制订个人发展计划，明确自己的专业发展目标和路径，并寻求相应的培训和发展机会。

4. 评价结果的应用

评价结果可以作为学校和教师发展的重要依据。学校可以根据评价结果制订师资培养计划、教师激励措施和教学改进措施，以提升教学质量和教师的绩效水平。评价结果也可以用于对教师进行晋升和奖励的决策，以鼓励教师持续改进和提高自身的教学能力。

二、教育新常态下多元评价方法的创新和改进

教育新常态下，多元评价方法的创新和改进对于高校外语教师绩效考核具有重要意义。通过不断创新和改进评价方法，可以更好地满足教师和学生的需求，提高评价的准确

性和有效性。

（一）评价指标的创新和改进

1. 细化评价指标

将评价指标进行细化和具体化，使其更具操作性和可测性。例如，将教学设计与实施、学生参与互动、教学效果与学习成果等方面的指标进行拆分，以更准确地评估教师在不同方面的表现。

2. 引入新的评价维度

在现有的评价维度基础上，引入新的评价维度，如教师的创新能力、跨文化教育能力、信息技术应用能力等。这些新的评价维度能够更好地反映教师在教学创新和教育技术应用方面的表现。

3. 探索主观评价方法

除了客观评价方法外，可以探索一些主观评价方法，如教师教学自述、教学案例解析等。这些方法能够更深入地了解教师的思考过程和教学理念，为评价提供更全面的信息。

（二）评价过程的创新和改进

1. 强调反馈和指导

评价过程应注重及时地反馈和指导，帮助教师了解评价结果，发现问题并制定改进措施。反馈和指导应具体明确，提供具体的建议和培训机会，促进教师的专业发展和成长。

2. 建立反馈平台

为教师建立一个反馈平台，让教师能够随时了解评价结果和反馈意见。可以通过建立在线平台或使用教学管理软件实现，方便教师与评价者之间的交流和反馈。

3. 提供支持和资源

评价过程中，学校应提供相应的支持和资源，帮助教师改进教学。包括教学培训、学术交流、教学资源分享等。通过提供支持和资源，能够更好地激发教师的教学创新和发展动力。

在教育新常态下的多元评价方法的创新和改进对于高校外语教师绩效考核具有重要意义。通过引入自主评价、同学互评、专家评价等方法，能够更全面、客观地评估教师的教学能力和学生的学习成果。同时，创新和改进评价指标和评价过程，能够提高评价的准确性和有效性，为教师的专业发展和提高教学质量提供有力支持。

第三节　教师绩效考核体系的建立与改进

一、建立适应教育新常态的教师绩效考核体系的需求

教育新常态带来了新的教学模式和教学需求，要求教师具备更多的教育教学能力和适

应能力。

（一）关注教师绩效的多维度

在教育新常态下，为了全面评估教师的工作表现和贡献，教师绩效考核体系需要关注教师绩效的多个维度。传统的绩效考核主要关注教师的教学能力和教学效果，但在教育新常态下，教师的工作职责不仅仅限于课堂教学，还包括科研、学术服务和师德师风等方面。因此，建立绩效考核体系时应涵盖以下多个维度，全面评估教师的工作表现和贡献。

1. 教学绩效

教学绩效是评估教师在课堂教学中的能力和表现的重要维度。教师的教学设计、教学方法、学生参与度、教学效果等方面应纳入考核范畴。通过评价教师在教学过程中的专业能力和教学效果，可以确保教师能够提供高质量的教育教学服务，培养学生的综合素养和能力。

2. 科研绩效

科研绩效是评估教师在科研方面的能力和成果的关键维度。教师的科研项目、学术论文、科研成果转化等方面应成为考核的重要指标。通过评估教师在科研活动中的表现，可以激励教师积极投身于科学研究，不断提升学校的学术水平和影响力。

3. 学术服务绩效

学术服务绩效是评估教师在学术服务方面的能力和贡献的重要维度。教师的学术组织、学术交流、学术评审等方面应成为考核的重要内容。通过评估教师在学术服务中的参与程度和质量，可以促进教师与学术界的交流合作，推动学科的发展和进步。

4. 师德师风绩效

师德师风绩效是评估教师在师德师风方面的表现和影响力的重要维度。教师的教育教学态度、师德行为、学生评价等方面应成为考核的重要依据。通过评估教师在师德师风方面的表现，可以促进教师秉持正确的教育价值观和职业道德，为学生树立良好的榜样。

通过关注教师绩效的多个维度，可以全面评估教师的工作表现和贡献，确保教师在教育新常态下能够全面发展、适应变化、提供优质的教育教学服务。同时，这也能够激励教师不断提升自身的专业能力和素质，推动教育的持续发展。建立适应教育新常态的教师绩效考核体系需综合考虑各个维度的指标和评价方法，确保绩效考核的公正性、科学性和可操作性。

（二）强调教师专业发展

在教育新常态下，教师绩效考核体系需关注教师的专业发展和成长，为教师提供支持和指导。

1. 个人发展规划

鼓励教师制订个人发展规划有助于教师在教育新常态下实现个人职业发展和提升绩效水平。个人发展规划应涵盖教学、科研、学术服务等方面，帮助教师明确自身的专业发展目标和路径，并将其纳入绩效考核体系中。

（1）教学发展目标和路径

个人发展规划中应明确教师在教学方面的发展目标和路径。教师可以设定提高教学效果、探索创新教学方法、培养学生综合素养等目标，并制订相应的行动计划和培训方案。教师还可以参与教学观摩、课堂改进研讨等活动，以提升自身的教学能力和教学水平。

（2）科研发展目标和路径

个人发展规划应包括教师在科研方面的发展目标和路径。教师可以设定科研项目的目标和计划，并积极参与科研课题、学术论文的撰写和发表。教师还可以参加学术会议、学术交流活动，与同行教师共同研究和探讨，以提高自己的科研水平和影响力。

（3）学术服务发展目标和路径

个人发展规划中应设定教师在学术服务方面的发展目标和路径。教师可以参与学术组织、学术评审、学术交流等活动，扩展自己的学术影响力和学术合作网络。教师还可以积极参与学术会议、研讨会等学术活动，与其他学者进行学术交流和合作，推动学科的发展和进步。

个人发展规划应该与绩效考核体系相结合，将教师的发展目标和计划纳入考核范畴。在绩效考核中，教师的个人发展规划和实施情况应成为评价的重要依据。评价可以通过教师个人陈述、发展计划的完成情况、培训和学习成果等方面进行。同时，学校可以提供相应的支持和资源，帮助教师实现个人发展目标，推动教师在教育新常态下不断提升绩效水平。

个人发展规划的制订和执行需要教师个人的积极性和主动性，同时也需要学校的支持和引导。学校可以为教师提供培训机会、学术交流平台和科研资源等支持，帮助教师实现个人发展规划中的目标。此外，学校还可以建立评价机制，定期对教师的发展计划和执行情况进行评估和反馈，为教师提供具体的指导和改进建议。

通过将个人发展规划纳入绩效考核体系，可以激励教师积极投身于个人职业发展，促进教师的专业成长和绩效提升。同时，个人发展规划的执行也有助于提高整体教师队伍的质量和能力，推动学校教育教学的发展。

2.培训和培养机制

在建立适应教育新常态的教师绩效考核体系中，培训和培养机制的建立是非常重要的。这一机制的存在可以为教师提供专业培训、学术交流、研修进修等机会，促进教师的专业成长和提高绩效水平。

（1）专业培训

学校应该为教师提供丰富多样的专业培训课程，涵盖教学、课程设计、评估方法、教育技术等方面的知识和技能。培训内容应与教育新常态相适应，帮助教师了解新的教学模式、教学工具和教育理念。培训形式可以包括讲座、研讨会、工作坊、在线学习等，以满足教师不同的学习需求和时间限制。

（2）学术交流

学校应鼓励教师积极参与学术交流活动，如学术会议、学术研讨会、学术讲座等。通过与同行教师、学者的交流与合作，教师可以了解最新的教育研究动态和教学实践经验，促进自身的专业发展和学术成长。

（3）研修进修

学校可以支持教师参加研修进修项目，如学位课程、研修班、交流访问等。这些机会可以帮助教师深入学习专业知识，提升学术造诣和教学能力。学校可以与其他高校、教育机构建立合作关系，提供更广泛的研修进修机会。

（4）导师指导

学校可以建立导师制度，为新任教师或有需要的教师指派导师进行指导和支持。导师可以与教师进行定期的面对面交流、观课和评价，并提供个性化的指导和建议。导师可以分享自己的教学经验和专业知识，帮助教师更好地适应教育新常态的要求。

（5）教学团队合作

学校可以鼓励教师组建教学团队，促进教师之间的合作与互助。教师可以共同探讨教学问题、分享教学资源、开展教学研究等，通过团队合作提高教学效果和质量。学校可以提供相应的支持和奖励，鼓励教师之间的合作与创新。

通过建立健全的培训和培养机制，学校可以提供多样化的学习机会和支持，帮助教师提升教学能力、适应教育新常态的需求。同时，学校也应对培训和培养机制进行评估和改进，确保其质量和有效性。培训和培养机制的成功实施需要学校和教师的共同努力，建立良好的合作与沟通机制，以促进教师的专业成长和提高绩效水平。

3. 反馈和指导

通过及时的反馈和明确的指导，可以帮助教师深入了解自己的教学表现、发现优势和不足，并提供相应的发展和支持措施，促进其教学改进和专业发展。

（1）及时性

反馈和指导应该及时提供，以确保教师能够迅速获知自己的绩效评价结果。延迟反馈可能会导致教师无法及时调整教学策略或改进不足之处。因此，评价结果应在合理的时间内向教师反馈，并尽早提供相应的指导和支持。

（2）具体性

反馈和指导应具体明确，指出教师在教学中的优点和改进的具体方向。它们应基于可衡量的指标和具体的观察结果，以便教师能够清楚地了解自己的教学效果和存在的问题。通过提供具体的反馈和指导，教师能够更有针对性地进行教学改进。

（3）目标导向

反馈和指导应与教师的专业发展目标和学校的教学目标相一致。评价结果和指导应帮助教师明确自己的专业发展方向，并制定相应的目标和计划。这样，教师可以根据自身需求和学校要求来调整教学策略和教学方法，以提升教学质量和专业水平。

（4）多元化的评价方法

为了更全面和准确地反馈和指导，绩效考核体系应采用多种评价方法。这些方法可以包括学生评价、同行评价、教学观察、教学案例分析等。通过多元化的评价方法，可以从不同的角度和多个维度对教师的教学能力和教学效果进行评估，为教师提供更全面、客观的反馈和指导。

（5）建立支持系统

除了提供反馈和指导，学校应建立健全支持系统，为教师提供相应的发展和支持措施。这可以包括教师培训、研讨会、专家指导等。通过这些支持措施，教师可以获得专业知识和技能的更新和提升，进一步推动其教学改进和专业发展。

绩效考核体系中的反馈和指导应具体、准确，并与教师的发展目标相一致。通过提供及时、具体的反馈和明确的指导，教师可以更好地了解自己的教学表现，发现改进的方向，并通过相应的支持和培训措施实现教学质量的提升和专业水平的提高。这样的绩效考核体系将为教师的教学改进和专业发展提供有力的支持和指导。

（三）注重教学创新和教育质量

在教育新常态下，教师绩效考核体系需注重教学创新和教育质量，鼓励教师在教学过程中积极探索创新方法和有效策略。

1. 教学创新和实践

评估教师在教学中的创新和实践。包括教学设计、教学方法、教学资源的创新与应用等方面的评价。

（1）教学设计的创新性

评估教师在教学设计方面的创新能力。这包括教学目标的设定、教学内容的组织和结构、教学活动的设计等。评价指标可以包括教学活动的多样性、教学资源的创新应用、教学策略的独特性等。

（2）教学方法的创新与应用

评估教师在教学方法上的创新和灵活运用能力。这包括教学策略的选择和使用、教学技术的应用、课堂互动的引导等。评价指标可以包括教学方法的多样性、教学策略的适应性和效果、教学技术的运用等。

（3）教学资源的创新与利用

评估教师在教学资源方面的创新和充分利用能力。这包括教材、教具、多媒体资源等教学资源的选择、设计和应用。评价指标可以包括教学资源的丰富性、教学资源的创新性和实用性等。

（4）学生参与合作的鼓励

评估教师在鼓励学生参与和合作方面的表现。这包括鼓励学生积极参与课堂活动、组织学生之间的合作与交流、提供学生互动的机会等。评价指标可以包括学生参与度的高低、学生之间的合作和交流情况、学生的学习动机和兴趣等。

（5）教学效果的评估

评估教师的教学效果和学生的学习成果。这可以通过学生学习成绩的提高、学生对课程内容的理解和应用能力、学生的学习动机和参与度等方面来评估。同时，还可以通过课堂观察和教学记录等方式获取教学效果的相关数据。

为了评估教师在教学创新和实践方面的表现，绩效考核体系可以采用多种评价方法，如教学观察、学生问卷调查、课堂观摩和评估、教学案例分析等。这些方法可以提供多样化的数据和信息，帮助评估人员全面了解教师的教学创新和实践情况，并为教师的教学改进和专业发展提供有针对性的反馈和指导。同时，学校也可以通过组织教师交流分享教学创新的经验和成果，促进教师之间的互相学习和成长。

2. 教育质量保证

在建立适应教育新常态的教师绩效考核体系中，教育质量保证是一个重要的评价维度。评估教师在教育质量保证方面的工作表现和成果，可以确保教育教学质量的稳定和持续改进。

（1）教学评估

评估教师在教学评估方面的工作表现。这包括教学评价方法的选择和应用、评价结果的分析和利用、教学改进措施的制定等。评价指标可以包括教学评价工具的有效性、评价结果的可信度和准确性、教学改进措施的有效性等。

（2）教学改进

评估教师在教学改进方面的工作表现。这包括教师根据教学评价结果采取的改进措施、教学反思和教学设计的优化等。评价指标可以包括教学改进措施的针对性和有效性、教师的反思和自我调整能力等。

（3）教学质量监控

评估教师在教学质量监控方面的工作表现。这包括教学质量监控体系的建立和运行、教学数据的收集和分析、教学质量的监控和报告等。评价指标可以包括教学质量监控体系的完整性和有效性、教学数据的可靠性和准确性、教学质量报告的及时性和针对性等。

为了评估教师在教育质量保证方面的表现，绩效考核体系可以采用多种评价方法和工具。例如，可以进行定期的教学评估和观察，收集学生和同行的意见和反馈，使用教学数据分析工具进行教学质量的监控和分析等。同时，学校可以建立教学质量保证的相关制度和流程，确保教师在教育质量保证方面的工作得到支持和落实。此外，教师自身的反思和自我评价也是重要的评价方法，可以通过教师自我评估、教学日志、教学案例分析等方式，帮助教师认识自身的教学优势和改进点，并提供相应的发展和支持措施。

教育质量保证的评估和改进是一个动态的过程，需要学校和教师不断进行监控和调整。通过绩效考核体系的建立和运行，可以确保教育质量保证的持续性和有效性，进一步提升教师的教育教学能力和教育质量。

（四）建立公正和可持续的绩效考核体系

在教育新常态下，教师绩效考核体系需建立公正、客观和可持续的评价机制，确保评价结果的准确性和可信度。

1.公正性和透明性

确保评价过程的公正性和透明性，避免主观偏见和不公平的评价。评价标准、评价流程和评价结果应对教师公开透明，确保教师能够理解和接受评价过程。

（1）明确的评价标准

绩效考核体系应明确制定评价标准，确保教师知晓评价的依据和要求。评价标准应该具体、清晰，并与教师的工作职责和目标相匹配。标准的制定过程可以采取专家咨询、参考相关文件和法规、学科教学要求等方式，以确保评价标准的客观性和科学性。

（2）公平的评价流程

评价过程应具有公平性和公正性，避免主观偏见和不公平的评价。评价流程应经过合理设计，确保每位教师都能公平接受评价。可以采用多位评价人、多次评价、多种评价方法的组合，以减少主观偏见的影响，并确保评价结果的客观性。

（3）透明的评价结果

评价结果应对教师公开透明，确保教师能够理解和接受评价结果。评价结果应以适当的形式向教师反馈，可以是书面报告、评价会议、个别沟通等方式。评价结果应准确、具体，并给予教师详细的解释和理由，以便教师了解自身的优势和不足。

（4）申诉和复议机制

建立申诉和复议机制，为教师提供救济渠道。如果教师对评价结果有异议，应有机会提出申诉或复议，并得到公正的处理和回应。这有助于维护评价过程的公正性和教师的权益。

为确保评价过程的公正性和透明性，可以建立专门的评价委员会或评价小组，负责监督和管理绩效考核体系的运行。评价委员会或评价小组应由学校领导、专家学者、同行教师和利益相关者组成，确保评价过程的独立性和专业性。此外，相关的政策和制度也应明确规定评价过程中的权责分配和程序，以确保公正性和透明性的落实。

通过建立公正和透明的评价机制，教师能够更加信任和接受绩效考核，同时评价结果也能够更加准确和有说服力。这样的机制有助于促进教师的积极参与和专业发展，提升教师的工作动力和教育质量。

2.客观性和准确性

评价指标和评价方法应具备客观性和准确性，能够客观地反映教师的工作表现和贡献。评价过程应基于客观的证据和数据，避免受主观判断和主观评价的影响。

（1）明确的评价指标

评价指标应具体、明确，能够客观地衡量教师的工作表现和贡献。指标的制定应基于相关的教育教学标准、学科要求和教师职责，确保评价指标的科学性和实用性。

（2）客观的证据和数据

评价过程应基于客观的证据和数据，避免受主观判断和主观评价的影响。可以使用多种数据收集方法，例如，学生评价、同行评价、教学观察、教学成果展示等，以收集多角度、多维度的信息。

（3）量化和标准化

在评价指标的设计中，可以尽量采用可量化和可标准化的指标，以提高评价结果的客观性和可比性。例如，可以使用学生成绩、教学活动的参与人数、科研论文的发表数量等作为评价指标，以便量化和比较教师的工作表现。

（4）独立评价人员的参与

评价过程中应有独立的评价人员参与，以减少主观判断和偏见的可能性。独立的评价人员可以是专业教师、教育专家、教育督导等，他们具备专业的知识和经验，能够客观地评估教师的绩效。

（5）反馈和沟通机制

评价过程中应建立反馈和沟通机制，确保评价结果准确传达给教师，并提供解释和讨论的机会。教师有权了解评价结果的依据和分析过程，并有机会提供补充材料或解释不同之处。

（6）持续改进和完善

绩效考核体系应不断进行评估和改进，确保其客观性和准确性的持续提升。定期对评价指标、评价方法和评价结果进行审查和更新，以适应教育环境的变化和教师的需求。

通过确保评价指标和评价方法的客观性和准确性，可以有效降低主观因素的影响，提高评价结果的可信度和可接受性。这样的绩效考核体系将为教师提供公正的评价，并促进教师的专业发展和教育质量的提升。

3. 可持续性和反馈机制

建立可持续的绩效考核体系，定期进行评价和反馈。评价结果应为教师提供有关其工作表现和发展方向的具体反馈，为教师的持续成长和发展提供支持。

（1）定期评价和反馈

绩效考核应定期进行，以确保教师的工作表现能够持续评估和改进。建立评价周期，例如，每学年或每学期进行一次绩效评估，确保及时反馈教师的工作表现。

（2）具体和个性化地反馈

评价结果应提供具体而个性化的反馈，以便教师能够清楚地了解自己的优势和不足之处。反馈应包括评价结果的具体数据和细节，以及指导教师改进的具体建议和支持措施。

（3）发展计划和目标设定

基于评价结果，帮助教师制订个人发展计划和目标，明确需要改进和提升的方面。发展计划应根据教师的需求和职业发展目标进行个性化制订，并提供相应的培训和发展机会。

（4）持续地专业支持

为教师提供持续地专业支持，包括培训、研讨会、专业交流等。这些支持活动可以帮助教师提升教学能力、了解最新的教育趋势和最佳实践，并提供实用的工具和资源。

（5）跟踪和评估效果

跟踪和评估教师在发展计划实施过程中的进展和效果。定期检查教师的发展计划，并提供必要的支持和指导，确保教师的发展目标能够实现。

（6）反馈机制的透明性

确保反馈机制的透明性，让教师了解评价过程和标准。教师应知晓绩效考核的评价标准和指标，以及如何获取和解释评价结果。

建立可持续的绩效考核体系和有效的反馈机制，能够促进教师的持续成长和发展。通过定期评价和具体的反馈，教师可以不断改进自身的教学能力和专业素养，提高教育质量和学生成果。同时，提供持续的专业支持和发展机会，能够激励教师积极参与学习和专业发展，实现个人职业目标和学校教育目标协同发展。

（五）灵活性和适应性

在教育新常态下，教师绩效考核体系需具备灵活性和适应性，能够适应不同学科、不同教师和不同教学环境的需求。

教师绩效考核体系应针对不同学科的特点和教学目标进行灵活的设计。不同学科具有不同的知识体系、教学方法和评价标准，因此，评价指标和方法应能够适应各学科的特殊性。例如，在外语教学中，评价可能涉及语言表达能力、文化理解和跨文化交际等方面；而在科学教学中，可能重点考查学生的实验设计和科学推理能力。因此，绩效考核体系应具备灵活性，能够根据不同学科的要求进行调整和个性化设计。

1.考虑教师个体差异和特点

教师绩效考核体系应充分考虑教师的个体差异和特点，以发挥其专长和优势。每位教师都有自己独特的教学风格、教学理念和专业背景，绩效考核应兼顾这些差异，避免一刀切的评价标准。评价过程可以通过教师自我评价、同行评价和教学观察等方式，深入了解教师的特点和实际表现，以便提供个性化的反馈和指导。这种个性化的评价有助于教师发挥自身的优势，同时也能够鼓励教师在自己的专业领域进行深入研究和发展。

2.适应不断变化的教学环境和需求

在教育新常态下，教学环境和需求可能会发生变化，因此，教师绩效考核体系需要具备灵活性和适应性。教学模式、教学工具和教学资源在不断更新和发展，绩效考核体系应及时反映这些变化，并对教师在新环境中的工作进行评估。例如，在教育技术的快速发展下，教师的教学技能和数字素养变得至关重要，绩效考核体系应能够评估教师在教育技术应用方面的能力和成效。此外，绩效考核体系还应灵活应对教学需求的变化，包括课程改革、教学方法的创新和学生群体的多样化等方面。

绩效考核体系的灵活性和适应性有助于确保评价的有效性和公正性。通过考虑学科特点和教学目标、教师个体差异和特点，以及适应不断变化的教学环境和需求，教师绩效考核体系能够提供更加准确、全面和客观的评价，促进教师的持续成长和专业发展。此外，灵活性和适应性还能够激励教师积极探索创新的教学方法和策略，推动教学质量的提升，促进学生成长和发展。

通过关注教师绩效的多维度、强调教师专业发展、注重教学创新和教育质量，建立公正和可持续的评价机制，以及提供灵活性和适应性，可以建立一个有效的绩效考核体系，为教师的成长和学校的发展提供支持和指导。

二、教师绩效考核体系的建立、运行和改进策略

教师绩效考核体系的建立、运行和改进是高校管理中的重要环节。它旨在通过评价和激励教师的教学、科研、师德和管理表现，提升教学质量、促进教师专业发展，从而推动学校整体发展。下面将详细介绍教师绩效考核体系的建立、运行和改进策略。

（一）建立教师绩效考核体系

1. 明确考核目标

首先，需要明确教师绩效考核的目标和意义。考核目标应与学校的教育理念和发展战略相一致。例如，目标可以包括提升教学质量、促进教师专业发展、激励优秀教师、发现和改进教学问题等。

2. 确定评价标准和指标

制定评价标准和指标是建立教师绩效考核体系的关键。评价标准和指标应涵盖教师的教学、科研、师德和管理等方面的表现。标准和指标的制定应充分考虑学科特点、教学环境和学校发展需求。可以借鉴相关的教育政策、学科标准、教学指南和专业要求，确保评价的科学性和准确性。

3. 构建评价流程和方法

建立科学合理的评价流程和方法，确保评价的客观性和准确性。评价流程包括评价时间、评价频次和评价程序等。评价方法可以采用学生评价、同行评价、自我评价、教学观察和记录等多种方式。应综合运用定量和定性的评价方法，确保评价结果的全面性和准确性。

4. 培训评价人员

评价人员的素质和能力对于评价结果的准确性和公正性至关重要。为评价人员提供相应的培训和指导，提高其评价能力和专业水平，确保评价的科学性和公正性。培训内容可以包括评价标准和指标的解读、评价方法的应用、评价程序的规范等。

5. 建立数据管理和反馈机制

建立数据管理和反馈机制，确保评价结果的保存和使用。评价结果应及时反馈给教师，为教师提供有针对性的反馈和指导，帮助教师认识到自身的优势和不足，并提供相应的发展和支持措施。同时，评价数据的管理应遵守相关的数据保护和隐私规定，确保数据

的安全和机密性。

6. 不断改进和优化

建立教师绩效考核体系是一个持续改进的过程。学校和教师可以定期进行评估和反思，收集相关的反馈意见和建议，不断优化和完善考核体系。评价标准和指标可以根据实际情况进行调整和更新，以适应不断变化的教育环境和需求。

建立教师绩效考核体系需要学校和教师的共同努力和支持。通过明确考核目标、确定评价标准和指标、构建评价流程和方法、培训评价人员、建立数据管理和反馈机制，并不断改进和优化，可以建立一个科学、公正、有效的教师绩效考核体系，促进教师的专业发展和提升教育质量。这将为学校的发展和教育事业的持续提升做出重要贡献。

（二）运行教师绩效考核体系

1. 定期进行绩效评价

教师绩效考核应定期进行，确保评价的连续性和可持续性。考核周期可以根据学校的具体情况和需求来确定，通常为一学年或半年。定期的评价可以帮助教师及时调整教学策略、改进教学方法，提高教学效果。

2. 注重评价结果的使用

评价结果应被充分运用于学校的决策和管理中。学校可以根据评价结果制定激励机制、师资培养计划和教学改进措施，以推动教师的专业发展和提升教学质量。

3. 建立教师档案管理系统

建立教师档案管理系统，记录教师的教学、科研和管理等方面的工作表现和成果。教师档案管理系统可以为绩效评价提供依据，并为教师的个人发展和职业晋升提供参考。

4. 加强沟通和反馈

教师绩效考核过程中，需要加强教师与评价人员之间的沟通和交流。评价人员应向教师详细解读评价结果，给予具体的反馈和建议，帮助教师认识自身的优势和不足，并提供相应的发展和支持措施。

（三）改进教师绩效考核体系

1. 定期评估和调整

教师绩效考核体系应定期进行评估和调整，以确保其适应教育新常态的需求和变化。定期评估可以通过问卷调查、座谈会、专家讨论等方式进行，收集各方的意见和建议，并根据评估结果进行相应的调整和改进。

2. 借鉴国内外经验

借鉴国内外其他高校的经验和做法，了解教师绩效考核体系的设计和运行情况。通过学习和借鉴他人的经验，可以更好地完善和改进本校的教师绩效考核体系。

3. 关注教师意见和反馈

重视教师的意见和反馈，了解他们对绩效考核体系的看法和建议。可以通过问卷调查、座谈会、教师代表会议等形式征求教师的意见，以便更好地满足教师的需求和关注点。

4. 持续创新和改进

教师绩效考核体系需要与时俱进，持续创新和改进。关注教育新常态下的教学模式、教育技术和教学理念的发展，及时调整评价标准和指标，以适应新的教学需求和要求。

5. 加强培训和支持

为教师提供相关的培训和支持，帮助他们理解和适应绩效考核体系的要求。培训内容可以包括教学方法、教学设计、评价标准的解读等方面，以提升教师的绩效考核能力和专业水平。

6. 建立分享与交流平台

建立教师绩效考核的分享与交流平台，促进教师之间的经验交流和互相学习。可以组织教师研讨会、教学展示活动等形式，让教师分享成功经验和教学创新成果，以促进教师的共同成长和进步。

总之，建立适应教育新常态的教师绩效考核体系需要综合考虑教师的多个维度，关注教师的专业发展和教学质量，以及持续改进和创新。通过建立科学合理的评价标准和指标，定期进行评估和调整，加强教师培训和支持，建立分享与交流平台，可以有效提升教师的教学质量和专业发展水平，进一步推动学校整体发展。

参考文献

[1] 唐泽静，陈留定，庄芳．教师校本培训的供需失衡与调适之道 [J]. 现代教育管理，2020（5）：72-78.

[2] 欧阳前春．以科研课题为载体，探寻教师校本培训的新模式 [J]. 湖北科技学院学报，2013（10）：138-139.

[3] 王静涛．高校教师专业发展的校本培训研究——以 G 大学为例 [J]. 太原城市职业技术学院，2021（12）：86-88.

[4] 白蓝．新时代高校外语教师队伍建设的几点思考 [J]. 海外英语，2022（18）：95-96.

[5] 李卿，霍兴花．文化强国背景下高校外语教师使命研究 [J]. 山东农业工程学院学报，2022，39（1）：106-110.

[6] 张云清．教育信息化时代高校外语教师身份认同变迁研究 [J]. 武夷学院学报，2022，41（1）：99-104.

[7] 郭静媛．翻转课堂视域下高校外语教师现实困境及其策略研究 [J]. 海外英语，2022（10）：172-173.

[8] 姜蓓蓓．基于大数据的人工智能与高校外语教师专业发展耦合路径探究 [J]. 电脑知识与技术，2020，16（32）：195-196.

[9] 别俊玲．以赛促建：兼谈高校外语教师职业素质的锤炼 [J]. 区域治理，2019（31）：176-178.

[10] 李慧杰．高校外语教师发展国际化路径因效分析 [J]. 外语学刊，2020（3）：69-73.

[11] 杨东焕．高校外语教师专业发展存在的问题及对策分析 [J]. 渭南师范学院学报，2014，29（12）：10-12，26.

[12] 徐慧娟．河南高校外语教师科研内部影响因素分析 [J]. 佳木斯教育学院学报，2013（7）：407-409.

[13] 李宏强．地方普通高校外语教师专业发展状况调查 [J]. 海外英语，2013（13）：90-92.

[14] 张琳．人本主义视野下的高校外语教师继续教育研究 [J]. 科教文汇（中旬刊），2015（20）：19-21.

[15] 张敏．教育新常态下高校外语教师专业发展问题探析 [J]. 黑龙江工业学院学报（综合版），2023，23（1）：18-21.

[16] 陶伟，顾佩娅．中国高校外语教师科研研究述评与展望 [J]. 解放军外国语学院学报，2022，45（1）：95-102，161.

[17] 宁建花，张洁，吕晓飞．西部地方高校外语教师职业倦怠调查研究 [J]. 海外英语，2021（24）：1-2.
[18] 潘云翠，夏俊萍，陈燕玲．“深度融合”背景下高校外语教师信息素养发展探究 [J]. 海外英语，2022（4）：103-104，112.
[19] 韦文珺，韦储学．高校外语教师校际合作发展的问题及对策研究 [J]. 玉林师范学院学报，2022，143（2）：127-131.
[20] 伯松．“金课”背景下高校外语教师综合素养及发展策略 [J]. 就业与保障，2021（23）：163-165.
[21] 孟春国，陈莉萍．新时代中国高校外语教师科研环境建构研究 [J]. 西安外国语大学学报，2022，30（3）：61-67.
[22] 赵宝莹，李传锋．地方高校外语教师信息素养现状与提升研究 [J]. 洛阳理工学院学报（社会科学版），2022，31（5）：87-90.
[23] 姜蓓蓓．基于大数据的人工智能与高校外语教师专业发展耦合路径探究 [J]. 电脑知识与技术，2020，16（32）：195-196.
[24] 樊华，初彤．教育新常态下高校外语教师专业共同体构建的有效路径探析 [J]. 科教导刊，2021（23）：63-65.
[25] 薛小建，林伟毅．“协同创新”视角下高校师资队伍建设研究 [J]. 黑龙江工业学院学报（综合版），2022，22（3）：1-5.
[26] 吴斐．教育现代化视域下高校外语教师专业发展的内涵、影响因素与路径构建 [J]. 河南科技学院学报，2020，40（6）：9-14.
[27] 崔永光，韩春侠．新标准指导下高校英语专业青年教师的核心素养 [J]. 黑龙江工业学院学报（综合版），2018，18（2）：26-31.
[28] 邱艳芳．教师学习共同体视角下地方本科院校外语教师专业发展研究 [J]. 吉林农业科技学院学报，2021，30（6）：40-43.
[29] 李玮．产学研深度融合下应用型高校外语教师专业发展研究 [J]. 校园英语，2021（9）：13-14.
[30] 董保华，陈崇国，秦川．中国高校外语教师专业发展研究的图谱量化分析 [J]. 重庆科技学院学报（社会科学版），2020（4）：95-102.
[31] 王剑娜．信息化环境中高校外语教师信息素养与专业发展研究 [J]. 高教学刊，2020（15）：104-107.
[32] 耿敬北．“一带一路”倡议下高校外语教师专业发展现状与应对策略 [J]. 教书育人（高教论坛），2017（33）：66-67.
[33] 王雪梅．高校外语教育新常态下的教师专业发展：内涵与路径 [J]. 山东外语教学，2020，41（4）：11-18.
[34] 王开容，陈崇国．应用技术大学背景下外语教师发展研究 [J]. 重庆科技学院学报（社

会科学版)，2015(5)：116-117.
[35] 李少忠，褚天琦 . 教师发展视角下外语教学质量保障体系优化路径研究 [J]. 教育评论，2020(1)：131-134.
[36] 李琼，裴丽 . 建设高素质专业化创新型教师队伍：基于《中国教育现代化 2035》的政策解读 [J]. 中国电化教育，2020(1)：17-24.
[37] 王守仁 . 关于高校外语教师发展的若干思考 [J]. 外语界，2018(4)：13-17.
[38] 王双龙 . 教师自我意识与学校支持氛围对教师专业发展的影响研究 [J]. 教育科学研究，2017(11)：74-78.
[39] 王文斌，柳鑫淼 . 关于我国外语教育研究与实践的若干问题 [J]. 外语与外语教学，2021(1)：1-12，144.
[40] 文秋芳 . 熟手型外语教师运用新教学理论的发展阶段与决定因素 [J]. 中国外语，2020，17(1)：50-59.
[41] 吴金华 . 高校英语教师专业发展环境实证研究——评《中国高校英语教师专业发展环境研究》[J]. 外语电化教学，2019(1)：98.
[42] 徐浩，郇雅琦 . 高校外语教师专业发展资源利用的中介方式与过程研究 [J]. 外语界，2020(2)：35-42.
[43] 徐锦芬 . 论外语教师心理研究 [J]. 外语学刊，2020(3)：56-62.
[44] 尧新瑜，朱银萍 . 自我发展力，教师专业成长的内核动力 [J]. 教育发展研究，2015(15)：113-116.
[45] 张惠，孙钦美 . 大学英语教师实践性知识构建：一项自我研究 [J]. 外语教学理论与实践，2020(4)：65-71，64.